가장 낮은 마케팅 이야기

Show, Qook, Olleh and iPhone
Marketing Case

남규택 지음

가장 낮은
마케팅 이야기

쇼, 쿡, 올레 그리고 아이폰 마케팅 실전 사례

정보 과잉의 시대에 범부까지 나서서 책을 출간하는 것이 맞는 일인지 망설임의 시간은 길었다. 다만 오랜 기간 마케터로서 경험한 내용과 이를 통해 얻은 깨달음이 조금이나마 독자분들에게 도움이 되면 좋겠다는 생각으로 본 저서를 내놓게 되었다.

필자의 주변에는 책을 출간한 경험이 있는 분들이 꽤 많이 계신다. 서너 권 이상 출간하신 분도 계시고, 어떤 분은 10여 권 넘게 책을 집필해 인기 전업 작가의 반열에 오른 분도 계시다. 이분들 중에 필자가 걸어온 길을 정리하는 의미에서 책 출간을 권유한 분들이 계셨다. 그렇게 지인들의 앞선 시범과 권유에 영향을 받아 본 저서를 집필하기 시작했다.

책을 쓴다는 것이 얼마나 어렵고 힘든 일인지 모르고 용감하게 펜을 들었다. 처음에 목차를 정하기까지 한 달 이상 걸려 포기할까 고민도 많았다. 글 쓰는 중간에도 몇 차례 포기를 생각했으나, 힘들게 지나온 길이 흔적도 없이 묻히는 것이 너무나 아깝다는 생각이 들었다. 다행히 어려운 대목마다 조언을 아끼지 않았던 고마운 분들의 도움에 힘입어 어렵게 집필을 마칠 수 있었다.

책을 쓴다는 것은 정신적으로 그리고 육체적으로 고된 일이다. 더구나 모든 사람 앞에서 나의 지적 수준을 모두 드러내는 일이라는 점에서 상당한 부담감을 느낀 것도 사실이다. 탈고하고도 혹시 이런 책을 세상에 내놓고 창피만 당하는 것은 아닌지 번민에 번민을 거듭했다. 결국 가장 영민한 후배 두 명에게 각각 원고를 보내 이들의 판단을 들어보기로 했다. 원고를 보낸 다음 날 두 사람의 첫 반응은 똑같았다. "재미있는데요." 이때가 집필을 시작한 이후 가장 기쁜 순간이었다. 이들 영민한 후배 두 명의 판단을 믿고 출간을 결심해 여기까지 오게 되었다.

본 졸저가 나오기까지 조언과 격려를 아끼지 않던 분들에게 감사의 말씀을 드린다. 오버맨의 김의상 대표는 복잡한 이론적 부분을 명쾌하게 정리해 주셨고, 충남대학교의 민태기 교수님께서는 최근의 시장 환경에 대한 따끈한 정보를 제공해 주셨으며, KT의 L 상무와 S 상무, K 상무는 자료 측면에서 많은 도움을 주었다. 철없는 필자를 인내심을 가지고 이끌어 주신 이용경 사장님, 고 김정수 사장님, 고 김우식 부회장님, 이필환 사장님, 김낙회 사장님께 큰 은혜를 입었다는 말씀을 전한다. 또한 세상 물정 모르고 여기저기 부딪히던 초임 임원 시절, 용기를 북돋아 주시고 이끌어 주신 송주영 사장님, 김기철 사장님, 표현명 사장님, 이문호 사장님께도 감사의 마음을 전한다. 마지막으로 늘 꿋꿋하신 모습을 보여주셨던 할아버님과 아버님께 이 졸저를 바친다.

2023년 마지막 달
광화문에서

마케팅과 인연을 맺은 후 부족한 지식을 메우고 업무에 도움을 받기 위해 뒤적였던 책이 부지기수였다. 그중에는 지금도 가보처럼 모시는 책들이 꽤 있다. 특히 이 책에서 인용한 책들은 마케팅 초짜였던 필자에게 깨달음을 안겨준 보물과도 같은 책들이다.

20년 정도 마케팅 업무를 담당하면서 수많은 마케팅 관련 책을 접했던 필자로서는 마케팅에 관한 위대한 책들이 이미 많이 있는데, 마케팅에 관한 책을 한 권 더 출간하는 것이 과연 의미 있는 일일까? 괜히 귀한 자원인 종이만 낭비하는 것은 아닐까? 이런 고민과 갈등을 부여안고 1년 남짓 시간을 흘려보냈다.

장고 끝에 기존 책에서는 깊이 있게 다루지 않은 현장에서의 실무적 부분을 수면 위로 끄집어 올려 자세히 들여다보기로 했다. 실제로 경험한 상황을 독자와 공유하고 향후 마케팅의 주요 이슈를 나름대로 정리한다면, 내가 쓴 책이 사회에서 마케팅을 시작하려는 후배들에게 실질적인 도움을 줄 수 있으리라는 확신이 들었다. 나아가 CEO분들에게도 마케팅에서 본인의 역할을 되돌아보고 성과 지향형 조직문화를 만들기 위해서 어떤 부분을 눈여겨보고 더 신경 써야 하는가에 대한 필자 나름의 제안이 의미가 있으리라 생각한다.

이 책의 가장 큰 목적은 필자가 직접 경험한 사례를 바탕으로 마케팅 현장에서 실제로 벌어지는 일들을 있는 그대로 기술해 독자들에게 생생하게 전달하는 데 있다. 따라서 마케팅 교과서나 학교 수업에서 다루는 개념, 용어, 사례 등은 꼭 필요한 내용에만 지면을 할애했다. 또한, 이 책에서는 시대별로 약간씩 달라지는 마케팅에 대한 기존의 정의를 살펴보고 필자가 현장에서 부딪히며 배웠던 경험을 토대로 마케팅에 대한 필자만의 정의를 그리고 마케팅의 원점인 '고객이 원하는 것'이란 도대체 무엇이고, 왜 이 시대에 마케팅이 화두가 되고 있는가를 짚어보는 데 중점을 두었다.

이 책에서 가장 심혈을 들여 서술한 내용은 마케딩 실전 사례다. 필자가 20년 가까이 현장에서 보고 듣고, 몸으로 부딪치며 경험한 마케터 분투기이다. 우리나라에서 개인휴대통신(PCS) 상용화가 시작되면서 경쟁사에서 날아오는 수많은 펀치를 맞고 때로는 그로기 상태에 빠지면서 조금씩 마케팅 세계에 적응하는 과정에서부터 '최고의 감탄사 올레!'의 런칭 성공과 영화를 통해 '아이폰 = KT'를 만들기 위한 다소 엉뚱한 시도, 그리고 디자인을 주요 차별화 요소로 무형의 서비스를 디자인하고 나아가 브랜드 아이덴티티를 강조한 제품을 생산하는 데까지 나아간 사례를 소개한다. 필자가 직접 경험하거나 옆에서 지켜본, 굵직하고 시사점이 큰 사례들이다. 필자가 경험했던 실전 사례에 이어서 현재진행 중이며 앞으로 전개될 마케팅에 있어서 중요한 이슈가 될 분야와 쟁점을 정리했다. 특히 그 모습을 드러낸 지 얼마 되지 않아 여러 견해들이 정리되지 않은 채 이런저런 이야기들이 오가고 있는 디지털 마케팅과 '브랜딩' 분야를 필자 나름대로 정리를 해보았다.

필자는 뭐든 간결한 것을 좋아한다. 보고서도 7~8쪽을 넘는 경우가 드물 정도다. 아예 보고서를 길게 쓸 줄을 모른다는 표현이 정확할 것이다. 마찬가지로 이 책에서 다루는 내용은 짧고 간결하게 핵심을 정리하는 데 초점을 맞췄다. 이 책으로 말미암아 마케터가 되고자 하는 분들이 마케터가 반드시 갖추어야 하는 자질과 역량이 무엇인지를 이해하고 이를 함양하는 데 조금이라도 도움이 되기를 진심으로 바란다.

4장
마케팅 프로스펙트
Marketing Prospects

서문

필자가 마케팅이라는 말을 처음으로 의미 있게 접한 것은 대학교 1학년 때인 1980년이었다. 이때는 신군부의 군사 반란에 맞선 광주민주화운동이 일어났고 캠퍼스에는 매일 같이 최루탄 안개가 자욱했다. 어느 봄날, 전국 대학에 휴교령이 떨어져 몇 달 동안 등교도 할 수 없게 되었다. 새로운 희망으로 가득할 것 같던 대학교 초년 생활은 이렇게 눈이 아프고 쓰린 안개와 함께 시작했다.

9월이 되어 다시 교문은 열렸다. 그러나 강의실에서 수업에 몰두하는 것은 사치로 여겨졌다. 시대 상황을 핑계로 매일 몰려다니며 술을 마시고 시국(時局)에 대한 알량한 정보 공유와 토론을 하며 그 찬란한 청춘 시절을 보냈다. 주머니가 가벼운 한량 생활이 이어지던 어느 날, 학교 근처 선배의 하숙방으로 술과 안주를 사 들고 가서 열띤 토론의 장을 한판 벌이기로 했다.

일행은 모두의 주머니를 탈탈 털어 슈퍼마켓으로 향했다. 그때 슈퍼마켓 안에서는 특정 제품을 시식하는 작은 이벤트가 열리고 있었는데, 경영학과 2학년이었던 한 선배가 시식 코너에서 일하시는 분들께 "수고하십니다. 마케팅하러 나오셨군요!"라고 말을 건네며 자신의 유식을 뽐냈다. 마케팅을 경영학과 과목의 하나라고만 알고 있던 필자는 그때 '판촉 활동을 영어로 마케팅이라고 하는구나'라고 생각했다.

1980년대 중반 대학원 졸업 직후 첫 직장으로 KT에 입사했다. 대학가 어느 슈퍼마켓에서 처음으로 진지하게 마케팅이라는 용어를 접한 이후로 나는 한동안 마케팅과 별 관련이 없는 삶을 살았다. 1997년 이동통신을 담당하는 자회사인 KTF가 설립되면서 필자는 KTF로 옮겼고, 2009년 KTF가 KT로 흡수 합병되면서 다시 KT로 돌아왔다. (필자의 재직 중에 한국전기통신공사는 KT로, 한국통신프리텔은 KTF로 사명이 변경되는데, 본 저서에서는 KT와 KTF로 표기했다.) 1995년 KT가 무선사업을 다시 시작하기 위해 만든 'PCS 사업추진단'이라는 조직에 시장개발부장으로 발령이 난 이후 지금까지 마케팅과 떼려야 뗄 수 없는 사람으로 살아왔다.

필자의 학창 시절은 마케팅이 개화하기 직전의 시기였다. 학부에서는 경제학을, 대학원에서는 경영과학을 전공한 필자는 마케팅이라는 과목을 수강한 적이 없었던, 마케팅의 문외한이었다. 이러한 문외한은 그 후 마케팅 전쟁터에서 무참히 얻어터졌고, 길을 잃고 헤매기도 했다. 또한 감당하기 어려운 숙제를 푸느라 불면의 밤을 지새며 마케팅의 세계로 조금씩 발을 들여놓게 되었다. 아무런 사전 준비 없이 가장 낮은 곳에서부터 온몸에 상흔을 남기며 한 걸음씩 내딛기 시작했다.

《금강경오가해金剛經伍家解》에는 "유비성외자(乳非城外者)가 파다(頗多)하다"는 구절이 나온다. 직역하면 "성 밖에서 만들어지지 않은 우유가 많다"라는 뜻으로 "세상에는 가짜가 많고, 진짜가 귀하다"는 뜻이다.

필자의 평생직장이었던 KT(KTF 포함)에는 오랫동안 마케팅을 공부한 사람들이 꽤 많았다. 1980~90년대 KT에서는 인재 육성 차원에서 상당수의 직원을 국내외 유수의 학교에 교육을 보내 학위를 취득하도록 했고, 박사 학위를 가진 외부 전문가를 모셔 오기도 했으며, 명망 있는 학자를 임원으로 채용하기도 했다.

이렇게 회사에서는 나름대로 전문가 육성과 영입에 적극적인 모습을 보였다. 다만 아쉽게도 이런 분들 가운데 기대에 미치지 못하는 성과를 보이신 분들도 계셨던 듯하다. 특히 기억에 남는 경우는 KT에서 출시해 시장에서 좋은 반응을 보인 브랜드들을 본인의 작품이라고 목소리 높여 부르짖는 소위 '숟가락 얹기 신공(神功)'의 보유자가 있었다. 심지어 이분은 큰 성공을 거둔 브랜드의 출시를 끝까지 반대하다가 그 브랜드에 대한 시장 반응이 뜨거워지자, 최근까지도 본인이 그 브랜드의 성공의 주역이라고 공개적으로 주장하는 낯 뜨거운 장면을 연출하기도 했다.

이러한 상황을 가까이서 지켜보면서 '이론과 실제는 다른 것인가?', '현실 세계에서 써먹지 못할 거면, 왜 그리 열심히 공부하는 걸까?' 등의 물음이 생겨났다. 그렇다면, 이론하고는 거리가 먼 사람이 몸으로 부대끼며 경험한, 실제 시장에서 벌어지는 마케팅 이야기라면 어떨까? 이론과 실제가 다르다면, 직접 경험한 실제 현장의 이야기를 통해서 마케팅 이야기를 쓰는 것이 더 의미가 있지 않겠는가, 하는 생각에 이르렀다. 이 책의 집필을 시작한 계기이다.

처음에는 책의 제목을 일제 강점기 누구의 도움도 없이 길거리의 실전 싸움으로 잔뼈가 굵어져 혈혈단신 주먹 하나로 전국을 제패한 시라소니를 떠올리며, '시라소니 마케팅' 또는 '길거리 마케팅'으로 정하는 것이 어떨까 싶은 생각도 했다. 그만큼 이 책은 고명(高明)한 마케팅 분야 대가들의 목소리와 묵직한 입김에서 벗어나 있다. 그리고 현실 세계를 정확하게 그리는 데 한계가 있는 이론을 살짝 비켜서서, 실재하는 현실의 시장에서 벌어지는, 즉 마케팅 전쟁에 직접 참여해 머리 위로 포탄이 날아다니는 일선 현장의 이야기를 담았다.

하지만 수많은 마케팅 전쟁에서 경험하고 느꼈던 마케팅의 본질과 마케팅을 논할 때 꼭 짚어야 하는 개념들은 최대한 쉽고 간결하게 다루고자 애를 썼다. 마케팅에 관심을 둔 독자들이 시행착오를 겪으면서 가까운 길을 돌아가는 수고를 겪지 않도록, 조금이라도 빠른 길로 마케팅의 본질과 핵심에 도달했으면 하는 바람에서….

1장

▼

▼

▼

마케팅,
고개의 지불 의사를 높여라

❶

마케팅과 세일즈는 어떻게 다른가

마케팅이란 수요자와 공급자 간의 거래가 이루어지는 '시장 (Market)'에 동명사(動名詞)를 만드는 'ing'가 결합해 만들어진 단어 다. Market에 '(시장에서) 팔다'라는 뜻이 있으므로 굳이 직역하자면 '(시장에서) 팔기'가 될 수 있다. 예전에 마케팅을 전공하신 모 교수 께서 마케팅을 '시장 활동'으로 번역해 쓰셨는데, 본래의 의미에 충 실한 번역이라는 생각이 든다.

그렇다면 시장이란 무엇인가? 우리가 알고 있는 '남대문시장', '광장시장', '자갈치시장'과 같은 물리적 장소나 시설을 의미하는 것 일까? 마케팅에서 말하는 시장은 구매력을 가지고 있는 소비자 또 는 수요자들의 집합, 즉 고객들의 집합을 의미한다. 즉 마케팅이란 '판매를 활성화하기 위해 고객을 대상으로 적극적으로 행하는 활 동'이라고 정리할 수 있다. 그런데 이러한 정리는 '마케팅'과 떼려야 뗄 수 없는 관계인 '세일즈(판매)'에 대한 설명이 아닌가 하는 생각 이 들게 한다. '마케팅'과 '세일즈'는 그 뿌리를 같이하는 용어이기 때문이다.

이 지점에서 드는 의문이 하나 있다. '세일즈'라는 용어가 있음에도 불구하고 사람들은 왜 '마케팅'이라는 신조어를 만들었을까? '세일즈'와 '마케팅'은 가깝고 중복되는 개념이지만 뭔가 구분되는 다른 차이가 있지 않을까?

필자가 마케팅 세계에 입문하고 얼마 지나지 않았을 때의 이야기이다. 대학원에서 마케팅을 전공한 신입 사원이 있었다. 어느 날 신입 사원에게 "마케팅과 세일즈는 어떻게 달라?"라고 물었다. 그 직원은 다음과 같이 답을 했다. "세일즈는 고객에게 물건을 파는 것이고, 마케팅은 고객의 마음을 사는 것입니다." 라임(rhyme)이 맞는 재치 있는 답변이 아닌가!

그럼 마케팅에 대한 고전적인 정의를 들여다보자. 마케팅의 발상지인 미국의 마케팅학회(AMA, American Marketing Association)에서는 1948년에 마케팅을 다음과 같이 정의했다.

마케팅은 생산자로부터 소비자에게로 제품 및 서비스가 흐르도록 관리하는 제반 기업 활동의 수행이다.

이러한 AMA의 정의는 유통에 방점을 찍은 생산자 관점의 정의가 아닌가 하는 생각이 드는데, AMA는 최근 들어 고객 가치(Customer Value)를 강조하는 방향으로 마케팅에 대한 정의를 다시 내렸다. (AMA에서는 시대 상황에 맞춰서 지속적으로 마케팅에 대한 정의를 수정해 오고 있다.)

　　마케팅은 고객, 거래처, 파트너 그리고 사회 전체에 제공되는 가치를 창출하고, 커뮤니케이션하고, 전달하고, 교환하기 위한 활동, 제도 및 과정이다.

　　흠잡을 데 없는 정의지만 다소 복잡해 바로 머릿속에 쏙 들어오지는 않는다. 그러면 우리나라 마케팅학회에서는 마케팅을 무엇이라고 정의했을까?

　　마케팅은 조직이나 개인이 자신의 목적을 달성시키는 교환을 창출하고 유지할 수 있도록 시장을 정의하고 관리하는 과정이다.

　　우리나라 마케팅학회의 정의에 대해 주제넘게 한마디 하자면, 위의 정의는 간결하면서도 마케팅의 본질을 잘 정리했지만, 마케팅의 주인공인 고객을 관리의 대상으로 한정시켰다는 아쉬움을 떨칠 수가 없다. 필자가 생각하는 마케팅에 대한 정의를 소개하면 다음과 같다.

　　마케팅은 자사 브랜드, 상품 또는 서비스에 대한 고객의 지불의사(WTP, Willingness To Pay)를 높이는 제반 활동이다.
　　* 지불의사: 특정 제품이나 서비스에 대해 고객이 지불 가능한 최대 금액

위의 정의를 경제학적으로 표현하면 다음과 같다.

마케팅은 자사 브랜드, 상품 또는 서비스에 대한 수요의 가격/대체/평판 탄력성을 둔화시키는 제반 활동이다.

*수요의 가격 탄력성: 탄력성은 반응도를 뜻하는 것으로, '상품의 가격 변동에 수요가 어느 정도 민감하게 반응하는가'를 나타내는 지표로서 '수요의 가격 탄력성=수요의 변동률(%)/가격의 변동률(%)'로 표현된다. 예를 들어 빵값이 100원에서 110원으로 10% 올랐을 때, 빵에 대한 수요가 10,000개에서 8,000개로 20% 줄었다면, 빵 수요의 가격 탄력성은 2(=20%/10%)가 된다. 탄력성이 높다는 것은 가격 변동에 대한 반응도가 높다는 것이다. 즉, 가격 변동에 수요가 민감하게 움직인다는 것을 뜻한다.

마케팅의 최고봉인 필립 코틀러(Philip Kotler) 교수의 책《미래형 마케팅Kotler On Marketing》에는 마케팅과 세일즈에 대한 흥미로운 비유가 있다.

홍콩의 한 신발 회사에서 남태평양 제도의 섬에 시장조사원을 보냈는데 다음과 같은 보고가 올라왔다.

오더 테이커(Order Taker): 이 섬사람들은 신발을 신고 다니지 않는다. 여기에는 시장이 없다.

세일즈맨: 이 섬사람들은 신발을 신고 다니지 않는다. 여기에는 엄청난

시장이 있다.

마케터: 이 섬사람들은 신발을 신고 다니지 않는다. 그래서 그들은 발병을 앓는다. 추장에게 신발을 신으면 발병이 없어질 것이라고 얘기하자 그는 열광했다. 그는 신발 한 켤레에 10달러면, 부족의 70% 정도가 신발을 살 것으로 추산했다. 아마도 우리는 첫해에 5천 켤레의 신발을 팔 수 있을 것이다. 신발을 섬으로 가져오고 유통체계를 갖추는 데 드는 비용은 켤레당 6달러 정도 들 것이다. 이는 우리에게 20%의 ROI를 가져다준다.

고객은 무엇을 원하는가

성공적인 마케팅을 위해 가장 먼저 해야 하는 것은 무엇일까? 달리 표현해 마케팅의 기본은 무엇일까? '고객이 원하는 것'을 파악하고 이해하는 것이다. 즉, 고객의 마음을 정확하게 읽는 것이다. 현재 고성과를 내는 기업들은 대개 고객이 진정으로 원하는 것을 경쟁자보다 먼저 알아차리고 경쟁자들보다 폭넓게 고객이 원하는 바를 충족시켜 주는 역량을 보유하고 있다.

필요와 욕구의 구별

그럼 '고객이 원하는 것'이란 구체적으로 무엇일까? 미국의 제도학파(Institutional School) 경제학자인 갤브레이스(John Kenneth Galbraith, 1908~2006)는 '사람들이 원하는 것'을 '필요(needs)'와 '욕구(wants)'로 구분했다. 갤브레이스에 의하면 '필요'는 인간 내부에서 생겨나는 생리적 욕망(식사, 수면 등)이고 '욕구'는 외부에서 주입되는(외부의 환경 요인에 의해 영향을 받는) 심리적 욕망(자신의 지위 또는 부를 과시하기 위한 자동차, 명품 가방 등)이다.

마케팅 관점에서 보면 '필요'는 인간의 생존과 관련이 있으므로 마케팅 활동에 의해 영향을 덜 받는 분야이고, '욕구'는 마케팅 활동에 의해 영향을 많이 받는 분야이다. 그러므로 마케팅에서 말하는 '고객이 원하는 것'이란 '필요'보다는 '욕구'에 조금 더 가깝다고 할 수 있다. 그리고 시간의 흐름에 따라 '욕구'가 소비에서 차지하는 비중은 점점 더 커져 왔고 이런 추세는 앞으로도 지속될 것이다.

《보랏빛 소가 온다Purple Cow》의 저자로 유명한 세스 고딘(Seth Godin, 1960~)의 또 다른 저서인《마케터는 새빨간 거짓말쟁이All Marketers Are Liars》에는 "마케터들이 돈을 버는 이유는 소비자들이 자신에게 필요한 것을 사는 대신 원하는 것을 사기 때문이다 (Marketers profit because consumers buy what they want, not what they need.)"라는 문구가 나온다. 이 문구는 마케팅과 '욕구'의 관계를 간명하게 보여준다.

요즈음 젊은이들 사이에서 대세를 이루는 소비 트렌드는 '가심비(價心比) 소비'다. '가심비'란 '가격 대비 심리적 만족도'를 의미하는데, 가격 대비 성능(cost effectiveness)을 의미하는 가성비(價性比)에서 파생된 용어이다. '가심비' 소비는 가격이 조금 높더라도 자신을 만족시키는(자신의 개성, 취향, 가치관, 경제적 능력 등을 표현할 수 있는) 것을 구매하겠다는 MZ세대들의 옹골찬 의지가 표현된 트렌드라고 할 수 있다. 여기서 말하는 심리적 만족은 바로 앞에서 얘기한 '욕구'와 밀접한 관련이 있다. 여기에서 MZ세대를 대상으로 하는 마케팅은 다음과 같이 정리할 수 있다.

MZ대상 마케팅은 자사의 브랜드, 상품 또는 서비스에 대한 고객의 가심비를 끌어 올리는 제반 활동이다.

마케팅에서 가장 근본적이고 중요한 것은 고객이 원하는 것을 파악하는 것 즉, 고객의 마음을 읽는 것이다. 그렇다면 과연 고객의 마음은 어떻게 읽을 수 있을까?

필자가 20년 정도 마케팅 관련 일을 하면서 가장 어려웠던 것은 고객의 마음을 읽는 일이었다. 여러분들도 중식당에서 짜장면과 짬뽕 사이에서 반복적으로 선택 장애를 겪으신 경험이 누구나 있을 것이다. 자신이 무엇을 좋아하는지 본인이 모르는 경우가 다반사인데 하물며 다른 사람이 무엇을 좋아하는지 어떻게 정확하게 알 수 있을까? 고객의 마음을 읽는 것은 왜 어려울까? 이를 돌파하는 방법은 어떤 것이 있을까?

마케팅에서 가장 중요하지만 가장 어려운 일

1990년대에 모 여성잡지의 발행인은 주부 천여 명을 대상으로 가십거리 기사(스캔들, 루머 등)가 없는 여성잡지에 대한 소비자 반응을 조사했다. 그 결과 응답자의 90% 이상이 가십거리가 없는 건전한 여성잡지가 나오면 사서 보겠다고 응답했다. 이러한 시장조사에 힘입어 '가십거리 없는 건전한 잡지'를 모토로 내세운 여성잡지는 세간의 많은 관심을 받으며 출간되었다. 그러나 기대에 찬 출발과는 다르게 이 여성잡지는 2년을 버티지 못하고 폐간되었다.

주부 천여 명의 소비자 반응과 분석을 토대로 창간한 이 여성잡지에 도대체 무슨 일이 있었던 것일까? 사실 설문 응답자들은 조사 과정에서 자신의 속마음을 있는 그대로 드러내지 않았는데, 잡지 발행인이 조사 결과를 순진하게 곧이곧대로 받아들이는 바람에 안타까운 일이 벌어진 것이다. 설문 응답자들이 자신의 진심을 밝히지 않은 이유는 무엇일까? 이에 대한 답변은 대략 세 가지 정도로 정리할 수 있다.

첫째, 설문 응답자가 본인의 진심이 무엇인지 모르는 경우이다. 바로 앞에서 이야기한 짜장면과 짬뽕 사이에서 반복되는 결정 장애가 여기에 해당한다고 볼 수 있다. 스티브 잡스는 이런 말을 했다. "사람들은 직접 보여주기 전까지 자신이 무엇을 원하는지 모른다. 이것이 내가 절대 시장조사에 의존하지 않는 이유이다."

둘째, 응답자들은 자신의 취향이 사회적 가치에 반하는 경우 이를 드러내기 싫어서, 사회적으로 바람직한 방향으로 응답하는 경향이 있다.

셋째, 질문자가 기대하는 답변을 하는 것이 응답자 입장에서 심리적으로 편안하기 때문이다.

시장조사를 통해 고객의 진심을 알아내기 어려운 또 다른 이유가 있다. 측정하고 싶은(설문 조사자가 알고 싶은) 것을 정확하게 반영해 설문으로 만들고, 설문 대상자의 전체(universe)를 대표하는 샘플을 구성하는 작업(sampling) 등에는 상당한 전문성이 필요하기 때문이다. 정확하게 설계되지 않은 시장조사의 결과를 맹신하는 것은 실패의 문을 여는 열쇠이다.

그렇다면, 어떻게 해야 고객의 진심을 읽어 낼 수 있을까? 필자는 두 가지 방법을 소개하고자 한다. 물론 이러한 방법이 기존의 시장조사를 모두 대체할 수는 없지만, 특정 상품 또는 서비스에 대한 고객의 생각, 느낌, 연상, 태도 등을 상대적으로 정확하게 파악할 수 있는 도구라고 할 수 있다. 첫 번째는 당신이 고객들에게 제공하고자 하는 상품 또는 서비스에 대한 코드(code)를 읽는 방법이고, 두 번째는 소셜 분석(socialytics)이다.

상품/서비스에 대한 코드 읽기

여기서 말하는 코드란 일정한 대상(당신이 제공하고자 하는 상품 또는 서비스)에 고객들이 부여하는 무의식적인 의미를 말한다. 이러한 코드 읽기는 문화인류학자이자 위대한 마케팅 구루인 라파이유(Gilbert Clotaire Rapaille, 1941~) 박사의 저서인 《컬처코드 The Culture Code》에 소개되어 있다. 책 이름에 '컬처'가 들어가는 이유는 특정 대상에 대한 코드는 문화권마다 각기 다르기 때문인데, 라파이유 박사가 소개하는 특정 상품 또는 서비스에 대한 코드 읽기

방법은 다음과 같다.

조사 대상자들을 긴장이 완전히 풀리게 한 다음에, 그들에게 (특정 대상에 대해 원하는 바가 무엇인지를 묻는 대신에) 특정 대상에 대한 최초의 기억을 말해줄 것을 요청해, 이들의 답변을 토대로 특정 대상에 대한 코드를 짚어 낸다.

이렇게 설명하면 언뜻 이해하기가 쉽지 않다. 그러나 아래의 네슬레(Nestle)가 라파이유 박사에게 의뢰한 일본인의 커피에 대한 인식 조사 프로젝트 사례를 살펴보면, 특정 대상에 대한 코드 읽기가 어떻게 진행되는가를 쉽게 알 수 있을 것이다.

일본인의 커피에 대한 코드 읽기

나는 여러 개의 조사 대상 그룹마다 세 시간짜리 모임을 구성했다. 첫 번째 시간에 나는 다른 행성에서 지구를 방문한 사람 역을 맡았다. 이 방문객은 커피를 한 번도 본 적이 없고 어떻게 '사용'하는지도 알지 못하는 사람이었다. 나는 사람들에게 커피에 대해 이야기해 달라고 요청했다. 그들의 생각을 파악하고 싶었기 때문이다.

두 번째 시간에는 사람들을 초등학생처럼 바닥에 앉게 한 다음, 가위와 잡지들을 주고 커피에 관한 단어들을 뜯어 붙이게 했다. 그들이 뜯어 붙인 단어들을 가지고 이야기하게 해서 더 많은 단서를 얻으려는 목적

때문이었다.

세 번째 시간에는 참가자들에게 베개를 베고 바닥에 눕게 했다. 물론 주저하는 사람들도 있었지만, 나의 진지한 의도를 납득시켰다. 그리고 편안한 음악을 틀어 주어 참가자들의 긴장을 풀게 했다. 긴장을 풀면서 사람들의 활발했던 뇌파가 잠잠해져 수면 직전의 평온한 상태에 도달했을 때, 나는 그들과 함께 시간을 거슬러 올라가 10대를 거쳐 아주 어린 시절로 되돌아가는 여행을 했다. 그리고 그들이 어린 시절로 되돌아갔다고 생각됐을 때, 커피에 관해 다시 생각해보게 하고 커피에 대한 최초의 기억, 처음 맛보았을 때의 느낌, 그밖에 다른 것이 있었다면 가장 의미 있는 기억을 말해달라고 요청했다.

이런 과정을 마련한 목적은 커피에 대한 참가자들 최초의 각인과 커피와 연관된 감정을 되살려 내는 데에 있었다.

이러한 방법을 사용해 라파이유 박사는 미국인의 지프차에 대한 코드는 '말(Horse)'이고 유럽 사람들의 지프차에 대한 코드는 '해방자(Liberator)', 음식에 대한 미국인의 코드는 '연료(Fuel)', 프랑스 사람들의 음식에 대한 코드는 '쾌락'이라는, 흥미롭고 마케팅적으로 의미 있는 결과를 도출했다.

이러한 결과는 마케팅에 곧바로 활용이 되었다. 미국의 자동차 회사인 크라이슬러는 미국에서 자사의 브랜드 지프 랭글러(Jeep Wrangler)를 '말'로 묘사하는 광고를 선보여 좋은 반응을 얻었고, 유럽에서는 지프 랭글러를 운전하면서 느끼는 해방감을 강조하는 광고를 내보내서 커다란 성공을 거두었다.

소셜 분석

소셜 분석이란 소셜 미디어 상의 비정형화된 소셜 데이터를 분석해 대중의 심리적 동향이나 사회적 흐름 등을 파악하는 작업을 칭한다. 마케팅 측면에서는 브랜드, 제품/서비스에 대한 고객의 태도, 신규 상품/서비스 개발을 위한 잠재적 고객 욕구 조사 등의 분야에서 활용되는데, 소셜 미디어 마이닝(Social Media Mining), 텍스트 마이닝(Text Mining)과 유사한 개념이다. 최근 들어 소셜 분석이 많은 주목을 받고 있다. 여기에는 크게 두 가지 정도의 이유가 있다.

첫째, 질문자의 기대에 벗어나지 않는 답변에 길들어져 있거나, 본인의 부끄러운 부분을 드러내는 것이 싫어서 사회적으로 바람직한 방향으로 답변을 하는 사람도, 본인이 주체적으로 소셜 미디어에 올리는 말 또는 글에는 본인의 진심을 담고 있을 개연성이 크기 때문이다.

둘째, 방대한 비정형 자료(Big Data)를 적은 비용으로 누구나 쉽게 분석할 수 있는 툴(Tool)이 널리 보급되어 있기 때문이다.

간단한 예로 자사 브랜드에 대한 사회적 관심과 그 추이를 파악하기 위해서 과거에는 정기적으로 대규모 시장조사를 실시하고 그 결과를 주기적으로 축적해야 했다. 그러나 지금은 누구나 구글 트렌드나 네이버 트렌드를 활용해 30초 이내에 관심도의 추이를 꺾은선 그래프로 확인할 수 있다. 이처럼 소셜 분석은 기존의 시장조사 방법들에 비해 적은 비용과 시간을 투입해 고객의 숨겨진(심지어 자신도 모르고 있었던) 욕구를 정확하게 찾을 수 있다는 커다란 장점이 있다.

마케팅은 왜 필요한가
why marketing?

물건을 만들면 만드는 족족 팔려 나가는 경향이 지배적이었던 19세기까지는 수요가 공급을 만성적으로 초과했기 때문에 마케팅이나 세일즈라는 개념이 필요하지 않았다. 19세기 초반까지 활동했던 프랑스의 경제학자 세이(Jean-Baptiste Say, 1767~1832)는 수요와 공급 간의 관계를 파악해 "공급은 스스로 수요를 창출한다(Supply creates its own demand)"로 요약되는 '세이의 법칙'을 발표했다.

시장 전체의 일반적인 공급 과다 현상이 발생하지 않았던 20세기 이전에는 기업 활동이 생산성 향상에 집중되어 있었다. 이러한 시대적 배경하에 경제학의 시조라고 불리는 애덤 스미스(Adam Smith, 1723~1790)는 생산성을 높이는 최고의 방법으로 '분업(division of labor)'을 제안했다. 그는 분업의 장점을 "노동자들의 숙련도 증대, 작업 전환에 소요되는 시간의 절약, 작업 능률을 향상시킬 수 있는 공구나 기계를 고안해 낼 가능성이 높음" 등으로 설명했다.

애덤 스미스의 '분업'과 헨리 포드(Henry Ford, 1863~1947)의 컨베이어 벨트(conveyor belt)로 대표되는 '일관작업공정' 등의 생산기술 혁신 덕분에 20세기 들어 공급부족 문제는 해결되었다. 이때부터 기업들은 적은 비용으로 질 좋은 제품을 생산하는 데 많은 관심을 갖고, 요즘의 표현으로는 '가성비' 제고를 기업 활동의 중심에 두게 되었다.

대량 생산 기술의 비약적인 발전으로 인해 많은 사람이 생계의 문제에서 벗어나게 된 20세기 말 이후, 사람들은 앞에서 논의한 '욕구'를 충족시키기 위한 소비를 중시하기 시작했다. 생계의 문제로부터 자유로운 소비자들은 자신의 사회적 지위와 재력, 개성/취향을 드러나 보이게 하는 브랜드, 제품, 서비스에 관심이 쏠린 것이다.

'필요'에 기반하는 수요보다 '욕구'를 기반으로 하는 수요가 마케팅 활동의 영향을 많이 받기 때문에, 수요에서 '욕구'의 비중이 커지면서 마케팅의 힘은 더욱더 빛을 발하기 시작했다. 이러한 측면에서 마케팅을 "욕구를 기반으로 하는 수요를 우리가 팔고자 하는 제품 또는 서비스로 잘 인도하는 것"이라고 이야기할 수 있다.

"마케팅은 제품이 아닌 인식의 싸움이다." 알 리스(Al Ries, 1926~2022)와 잭 트라우트(Jack Trout, 1935~2017)가 공동 집필한 《마케팅 불변의 법칙The Immutable Laws of Marketing》에 나오는 구절이다. 마케팅 분야의 명언 중의 명언인데, 마케팅의 본질을 이렇게 간결하고 정확하게 짚은 구절이 또 있을까 싶다. 고객들의 관심과 선택을 받기 위해서는 고객의 인식을 파고드는 것이 가장 중요하다는 것이 핵심이다. 제품의 품질이 중요하지 않다는 의미가 아니라 선택 대안이 많아짐에 따라 제품의 품질 비교가 점점 어려워져서 고객의 인식에 자리를 잡는 것이 더 중요해지고 있다는 뜻이다. 같은 책에서 이와 유사한 맥락의 다음 구절도 마케팅 세계에서 널리 회자되고 있다. "더 나은 것(품질이 좋은 제품)이 되려고 하지 말고 다른 것이 되도록 해라!"

기업의 궁극적인 목적은 매출 증대와 이익 실현을 통한 성장에 있다. 이러한 목적을 위해 기업 내에는 마케팅 이외에도 기획, 인사, 재무/회계, 연구/개발, 구매, 대외 협력 등의 여러 가지 부서가 있다. 이러한 각 부서의 기능 중에 전체 매출(Top Line)에 가장 크고 직접적인 영향을 미치는 것은 마케팅이다. 물론 판매가 매출에 직결되는 기능이지만 마케팅은 판매를 포함하는 개념이고, 마케팅은 판매가 이루어질 수 있는 유리한 조건을 만들어 내는 활동이기 때문에 마케팅이 매출에 가장 큰 영향을 준다고 이야기할 수 있다.

과거에는 제품을 대량으로 빨리 만들고 이를 고객에게 효율적으로 전달(delivery)하는 제조와 판매가 기업 활동의 핵심이었다. 그러나 MZ세대를 겨냥한 마케팅 트렌드가 가장 핫한 요즘에는 우리가 제공하는 제품/서비스를 향해 참여와 공감으로 고객의 마음을 열게 하는 마케팅이 기업 활동의 핵심이라고 이야기할 수 있다.

2장

▼

▼

▼

마케터에 대한

환상을 깨라

1

주객전도, 웩더독
Wag the Dog

'Wag the Dog'은 "꼬리가 개의 몸통을 흔든다(The tail wags the dog)"는 의미로 우리말의 주객전도(主客顚倒)에 해당한다. 주식시장에서는 현물시장(몸통)에서 파생된 선물시장(꼬리)이 현물시장에 영향을 주는 현상을 의미한다.

기업의 목적은 지속적인 매출 창출에 있다. 따라서 기업의 본원적 업무를 수행하는 마케팅 부서가 핵심부서이고 주도권을 가지고 일을 추진해야 한다. 그러나 현실은 그렇지 않은 경우가 많다. 자금이나 인력 등의 자원에 대한 배분 권한을 가지고 있는 예산 관리 부서나 인사 부서 등이 주도권을 쥐고 있고 마케터들은 이들에게 밉보이지 않기 위해 애를 쓰는 경우가 비일비재하다.

한편 진짜 꼬리가 몸통을 흔드는 경우가 있다. 특히 기업의 경영 품질이 낮을수록 꼬리가 몸통을 세게 흔들어대기 마련이다. 조직이론을 살펴보면 매출을 책임지는 핵심 사업부서를 외부 환경의 공격 또는 충격으로부터 보호하는 역할을 맡는 완충조직(Buffer Organization)이 있다. 홍보부서, 대외협력부서, 법무담당부서 등이 이에 해당한다.

이러한 조직의 임무는 언론과 규제자, NGO 등으로부터의 공격을 막거나 이들의 공격으로 인해 발생하는 충격을 최소화하는 것이다. 그러나 현실에서 완충조직의 우선순위는 CEO의 보호에 있는 경우가 많다. 사업부서보다 CEO의 보호에 우선순위를 두는 것까지는 이해할 수 있으나, 심지어 외부 공격자의 입장을 대변해 내부적으로 갑질을 하는 경우도 있고, 회사 자원을 투입해 형성한 외부 이해관계자들과의 관계를 자신의 입지를 강화하는 데 활용하기도 한다. 조직이 아닌 자가 자신의 안위를 위해서 외부 공격자와 손발을 맞추는 완충조직과 유사한 사례를 우리나라 사람이 선호하는 관광지 중 한 곳인 발리에서 찾아볼 수 있다.

발리 해변에서 멀지 않은 곳에 울루와뚜라는 이름의 사원이 있다. 이 사원은 바다를 접하고 있는 절벽에 지어진 힌두교 사원으로 보통 울루와뚜 절벽사원으로 불린다. 울루와뚜 절벽사원은 사원 자체의 규모와 예술성으로 유명하기도 하지만, 절벽 위 사원에서 바라보는 장쾌한 오션 뷰가 많은 관광객을 불러들이는 곳이다. 그리고 이 사원에는 유명한 것이 하나 더 있는데 바로 관광객을 괴롭히는 악명 높은 원숭이들이다. 이들은 조용히 있다가 갑자기 나타나 순식간에 관광객의 안경, 선글라스 또는 모자를 낚아채서 멀리 도망을 가곤 한다. 이들의 습격으로 갑자기 자신의 물건을 탈취당한 관광객들은 당황해서 잠시 멍한 상태에 빠지곤 한다. 이렇게 원숭이들의 갑작스러운 공격으로 관광객이 어쩔 줄을 모르고 있을 때면 고마운 분이 나타나 이 당혹스러운 상황을 깔끔하게 정리한다. 이들은 원숭이에게 빵, 과자 등 먹을 것을 주면서 관광객으로부터 탈취한 안경 등을 건네받아 관광객에게 돌려주는 해결사 역할을 한다. 관광객은 이들의 노고에 대해 약간의 현금으로 보상한다.

이런 장면을 처음 보았을 때는 원숭이를 다룰 줄 아는 분들이 있어서 다행이라는 생각이 들었다. 그러다가 절벽사원 관광을 마치고 돌아가는 버스 안에서 이 고마운 분들이 관광객의 주머니를 털기 위해 원숭이들을 이용하는 것이 아닐까 하는 의구심이 들었다.

기업의 경영 품질이 높을수록 앞에서 살펴본 실소를 자아내는 현상은 적게 발생한다. CEO는 외부 환경으로부터 자신을 보호한다는 명분으로 완충조직이 몸통을 흔드는 일이 없는지 늘 점검해야 한다. 궁극적으로 본인에 대한 평가에서 어느 부서의 역할이 중요한 것인가를 판단해야 한다.

다음에 소개하는 이야기는 홍보를 담당하는 사람들 사이에서 전설처럼 떠도는, 어느 홍보맨의 눈물 나는 생존기다.

회사를 위해 분골쇄신하는 홍보실 보직자

X사의 홍보실에 근무하는 보직자 A씨는 언론과의 우호적 관계를 핑계로 X사의 CEO를 일주일에 몇 차례씩 언론사 간부들과의 식사 자리에 모시고 나가곤 했다. 승진 심사를 두어 달 앞둔 시점에 A씨는 평소 자신과 좋은 관계를 유지하고 있던 모 언론사 간부 B씨에게 자신을 도와

달라는 부탁을 하는데, 그 내용은 이러하다.

A씨와 CEO 그리고 B씨가 참석하는 만찬에서, 자신(A씨)은 시작부터 술을 급하게 마시고 식사 중간에 화장실에 다녀온다고 자리를 비운 후 자리로 돌아오지 않고 다른 방에서 쉬고 있으면서 B씨에게 문자를 보낼 테니, 그 문자를 CEO께 보여주면서 "A씨는 회사와 CEO를 위해 자기 몸을 돌보지 않고 매일 같이 저렇게 무리하고 있습니다. 저는 지금까지 A씨와 같은 충신을 본 적이 없습니다"라고 말해달라는 것이었다. (문자에는 이렇게 쓰여 있었다. "형님, 제가 몸이 너무 안 좋아서 옆방에서 잠시 쉬고 있습니다. 바로 돌아갈 테니 그때까지 저희 CEO 잘 모시고 계십시오.")

그 후로 한동안 A씨는 탄탄대로를 달렸고, 이 이야기를 아는 사람들은 이렇게까지 하면서 직장 생활을 해야 하냐는 생각에 씁쓸해했다고 한다.

2

입만 있으면 모두 마케팅 전문가?

다른 회사도 그렇겠지만, KT 마케팅 부서에서 근무했던 사람들은 엔지니어들을 부러워하곤 했다. 상식을 가진 사람이라면 어렵지 않게 마케팅에 대한 자신의 의견을 낼 수 있기 때문에, 마케팅 부서에서 어떤 일을 추진하겠다고 하면 이런저런 의견들이 많이 나왔다. 그러나 엔지니어링 업무에 대한 의견을 내기 위해서는 상식 수준이 아닌 전문적인 지식이 필요하다. 그러니 엔지니어링 부서의 업무에 대해 타 부서 사람들이 왈가왈부하는 경우는 거의 없었다.

마케팅 관련 업무 중에서 광고는 특히 비전문가들이 용감하게 무지함을 뽐낼 수 있는 분야다. 광고계에는 "입만 있으면 모두 광고 전문가"라는 우스갯소리가 있다. 기업에서 광고 업무를 담당하면서 겪을 수 있는 곤혹스러운 장면들이 몇 가지 있는데, 그중 하나는 CEO 앞에서 광고를 시사할 때 갑자기 CEO가 전화기를 들고는 "김 비서, 들어와서 광고 같이 봐"하는 경우이다. 또 다른 난감한 장면은 CEO가 "우리 딸이 그러는데, 우리 광고는 …"이라고 얘기할 때다.

통신업계에서 떠도는 다소 서글픈(?) 이야기도 있다. 모 기업의 CEO는 TV 광고의 스토리 보드에 대한 설명을 듣고 만족스럽다고 말을 하고는 스토리 보드를 들고 퇴근한다. 늦은 밤 담당 임원에게 전화로 방향을 잡을 수 없는 두서없는 말을 한 다음, 가급적 빨리 스토리 보드를 수정해 다시 보고하라는 지시를 내리곤 했다. (이러한 상황에 대해 광고 담당자들은 CEO가 스토리 보드를 가족 중 한 사람에게 보여주고 그분의 의견을 전달한 것으로 추측하고 있었다.) 이런 상황이 반복되면서 담당자들은 광고 업무를 정상적으로 수행하기 어렵게 되었다. 다행히 담당 임원은 용기를 내 CEO에게 TV 광고의 시의성(時宜性)을 읍소함으로써 그 CEO를 설득했다고 한다.

"사공이 많으면 배가 산으로 간다"는 말은 마케터가 꼭 명심해야 하는 어구이다. 설령 독선적이라고 또는 고집이 세다는 비난을 받더라도 사이비 사공들의 말에 동요해서는 안 된다. 비전문가의 광고 개입과 관련해서 중앙일간지에 소개된 기사를 소개한다.

삼성전자와 KT의 광고를 제작하는 제일기획은 삼성전자 경영진의 긴급호출을 받은 일이 있었다. KT의 광고는 인구에 회자될 정도로 반응이 좋은데, 삼성전자 광고는 그렇지 못한 것에 대한 불만이 있었기 때문이다. 이에 제일기획은 보고서에서 "KT는 광고 컨셉트부터 캐릭터 선정, 표적 소비자층까지 광고대행사에 일임하는 편이다. 회장 등 고위 경영진은 큰 그림만 챙기고, 세세한 광고전략은 실무 부서에서 자율적으로 한다. 그래서 좀 더 젊고 부드러운 감각의 광고가 나올 수 있었다"고 진단했다. 삼성전자는 그 뒤 광고전략을 재검토하는 작업에 나섰으며, KT의 올레(olleh), 쿡(QOOK) 같은 광고 시리즈의 성공 비결을 담은 보고서를 만들어 마케팅 교범으로 쓰기도 했다.

마케팅 청탁, 어찌하오리까

마케팅 업무를 하면서 청탁 때문에 어이가 없었던 적도 있었고 자괴감을 느낀 적도 많았다. 사회생활을 하다 보면 어느 분야에서든 청탁은 있기 마련이다. 그러나 마케팅 분야의 청탁은 그야말로 다채롭다. 협찬, 사은품 구입, 투자는 물론 광고 모델, 심지어 광고 감독으로 기용해 달라는, 꽤나 이색적인 청탁도 있다.

청탁은 받는 사람 입장에서 참으로 난감하고 풀기 어려운 숙제다. 회사에 도움이 되지 않는 청탁은 멀리한다는 원칙으로 업무를 수행하지만, 청탁을 거절당한 사람들의 뒤끝은 매섭다. 청탁을 거절한 사람에 대한 험담은 물론, 특정 업체와 유착이 있다는 헛소문을 퍼뜨리기도 한다. 심한 경우 이 헛소문을 사정 기관에 흘려서 무고한 사람에게 곤욕을 치르게 하는 경우도 있다.

청탁 가운데 협찬은 빈도가 가장 높고 금액 또한 상당한 경우가 많다. 언론사나 공연 단체 등에서 행사나 공연에 소요되는 비용을 충당하기 위해 기업에 협찬을 부탁하는 경우가 있는데, 협찬은 상대적으로 효과를 기대하기도 어렵거니와 효과를 측정하는 것도 쉽지 않다. 마케터에게 협찬은 일종의 '뜨거운 감자'와도 같다.

제안된 수많은 협찬 중 극히 일부만이 채택되곤 하는데, 협찬을 제안한 상대방이 기분 나쁘지 않게 거절하는 것은 무척이나 힘든 일이다. 가까운 분이 협찬을 제안하는 경우는 오히려 원만하게 해결되고는 하지만, 문제는 그리 가깝지 않거나 모르는 분이 협찬을 제안하는 경우다. 이럴 때 협찬을 거절할 수밖에 없는 상황을 아무리 친절하게 설명하더라도 상대방은 자존심이 상해 기분이 상하기 일 쑤다. 심지어 회사나 특정인을 비방하는 장면도 종종 볼 수 있다.

이러한 어려움을 타개하는 방법을 고민하다가 '협찬심의위원회'를 운영하는 방안을 떠올렸다. 회사에 협찬 제안서가 도착하면 실무자들 위주로 구성된 '협찬심의위원회'를 열고 퀵 리뷰(Quick Review)를 진행해 바로 결론을 내렸고, 이를 회사의 공식 의견으로 제안자에게 통보했다. '협찬심의위원회'가 만들어진 이후 마케팅 비용 집행의 효율성은 향상되었고, 협찬을 둘러싼 뒷담화는 많이 줄어들었다.

모든 협찬의 효과가 낮은 것은 아니다. 좋은 성과를 거둔 협찬들도 있는데, 대표적인 예가 2004년에 시작한 '자라섬 재즈 페스티벌'(이하 '페스티벌'로 표기)이다. '페스티벌'은 주최 측에서 직접 협찬 제안을 한 경우였다. 검토 결과 적은 비용으로 큰 효과를 볼 수 있고, 향후 대한민국을 대표하는 음악 페스티벌로 자리 잡을 수 있겠다는 판단으로 협찬에 참여하기로 결정했다.

2004년 시작 당시 그리 크지 않은 금액(5,000만 원)으로 독점 타이틀 스폰서가 되어 재즈 페스티벌 무대는 물론 자라섬 일대를 온통 KTF 관련 브랜드, 서비스 그리고 홍보 문구로 도배하다시피 했으며 KTF 고객 초청 행사를 진행했다. 2004년 1회 페스티벌 때에는 당시 가평 군수를 필자가 직접 만나 협조를 요청하기도 했다.

예상대로 '페스티벌'은 점점 유명세를 타기 시작하였고, KTF의 '페스티벌' 고객 초청 행사는 경쟁사들이 부러워하는 KTF의 대표적인 고객 케어(customer care) 프로그램으로 자리를 잡았다.

2009년 이후 주최 측과의 문제로 '페스티벌'에는 협찬을 하고 있지는 않지만, 필자가 KT 마케팅부문장이었던 2015년 가을에 'Voyage to Jarasum'이라는 '페스티벌'과 비슷한 형식의 음악 공연 행사('페스티벌'보다는 조금 더 대중적인 음악을 선보인다.)를 자체적으로 다시 시작하여 지금까지 이어지고 있다.

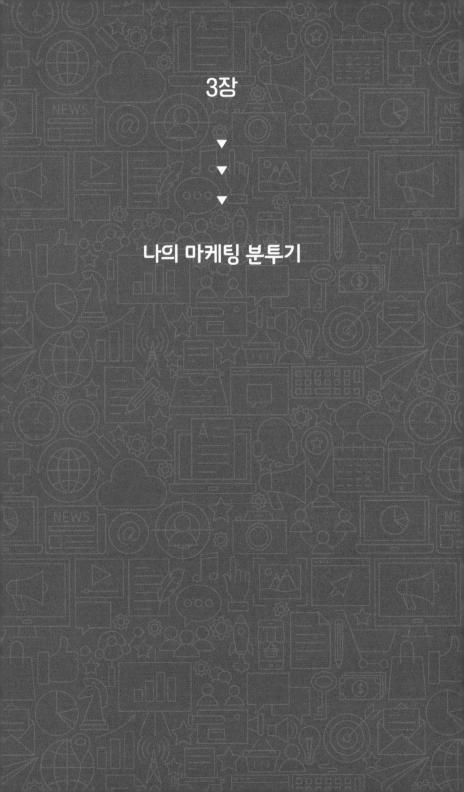

3장

▼

▼

▼

나의 마케팅 분투기

KTF 창립 이전

    필자가 30년 이상 근무했던 KT(Korea Telecom)는 1885년 설립된 한성전보총국에 그 뿌리를 두고 있다. 1981년 체신부(현 과학기술정보통신부)에서 통신 분야가 분리되어 정부가 지분을 100% 보유한 KT(당시 사명은 한국전기통신공사)가 설립되었다.

    1885년 전신(電信)을 시작으로 통신업을 영위해온 KT는 100년 넘게 경쟁다운 경쟁을 한 적이 없었다. 1980년대 이전까지 우리나라 통신 시장은 늘 만성적인 수요 초과에 놓여 있었기 때문에, 마케팅이라는 단어를 잊고 있어도, 아니 그런 단어가 있는지조차 모르고 있어도 문제 될 것이 없었다. 1980년대 이전에는 집이나 사무실에 전화를 한 대 설치하는 데 심하게는 몇 년씩 걸렸고, 암시장에서 전화 한 대가 서울의 집 한 채 가격에 거래되곤 했다.

    1990년대 초반과 중반, KT가 독점권을 가지고 있었던 국제전화와 시외전화에 드디어 경쟁이 도입되었다. 그러나 도전자의 체급 상의 문제로 시장은 크게 요동치지 않았다. 영업 분야의 국지전은 있었지만, 대규모 마케팅 전쟁은 없었다. 대한민국에 통신이 뿌리를 내린 후 약 100여 년간 경쟁이 없거나 미미한 상황이어서, 통신사업자들에게 마케팅이라는 단어는 그저 경영학의 한 분야에 불과했다.

대한민국 통신 시장에서의 본격적인 경쟁은 유선이 아닌 무선 시장에서 시작되었다. 1990년대 초반 KT는 '한국이동통신(현 SK텔레콤)'이라는 자회사를 통해 이동통신 사업을 영위하고 있었다. 그러나 1994년 1월 민영화라는 기치(?)하에 '한국이동통신'을 SK그룹에 넘겨주는 비운을 맛보게 되었고, 그때부터 KT 내부에서는 이동통신사업을 다시 시작해야 한다는 피 끓는 외침이 분출하기 시작했다. (당시 필자는 입사한 지 10년이 채 안 되는 일개 직원으로 KT의 장기 경영계획을 수립하는 업무에 참여하고 있었는데, 미래 성장을 위해서는 KT가 반드시 무선사업을 영위해야 한다는 확신이 있었고, 이러한 확신을 바탕으로 윗분들을 설득해 KT의 비전을 '종합통신사업자'로 정했다.)

이러한 외침은 차곡차곡 쌓여서 마침내 정부를 움직였고, 1995년 정부는 제3의 이동통신 사업자 선정 계획을 발표했다. KT는 이러한 정부의 발표에 발 빠르게 대응해 1995년 2월 'PCS 사업추진단'을 만들었고 새로운 사업에 목마름을 느끼던 필자는 만사를 제쳐놓고 'PCS 사업추진단'에 합류했다.

PCS는 Personal Communication Services의 약어로 그 당시 '개인휴대통신'으로 번역되었다. PCS라는 용어가 처음으로 소개될 당시에는 PCS가 기존의 이동전화보다 기술적으로 진화한 것이라는 믿음이 강했다. 아날로그 방식의 이동전화를 1세대, 디지털 방식의 이동전화를 2세대, PCS를 2.5세대로 분류했을 정도였다. 그러나 시간이 지나면서 PCS도 2세대 디지털 방식의 이동전화와 다를 바가 없다는 인식이 널리 퍼지게 되었다. 지금은 대한민국에 서로가 구별이 안 되는 이동통신 사업자가 3개가 있지만, PCS가 시작된 1990년대 말 대한민국에는 기존 2세대 셀룰러 사업자 2개(SK텔레콤, 신세기이동통신)와 신규 2.5세대 PCS 사업자 3개(KTF, 한솔PCS, LGU+의 전신인 LG텔레콤) 등 총 5개의 이동통신 사업자가 경쟁 체제에 들어섰다.

경쟁에 의한 스트레스가 없었던 필자의 태평성대는 입사 후 10년 정도가 지난 1997년 10월 1일 5개의 사업자가 이동통신 시장에서 피 말리는 혈투를 시작하면서 끝이 난다. 이때부터 필자는 스트레스의 신세계를 맞보게 된다.

책을 통해 마케팅 세계를 곁눈질했던 필자는 PCS 상용화가 시작되면서 경쟁사에서 날아오는 수많은 펀치를 맞고 때로는 그로기 상태에 빠지면서 조금씩 마케팅 세계에 적응하게 되는데, 경쟁의 살벌함을 온몸으로 체감하며 걸음마를 배우던 시절의 이야기부터 시작하겠다.

PCS 사업 초기

PCS 포지셔닝

포지셔닝은 특정 브랜드나 제품, 서비스가 고객 인식 상에 어떤 위치에 자리를 잡을 것인가를 결정하고 이를 실행하는 일이다. 즉, 특정 브랜드, 제품, 서비스가 고객의 인식 속에 어떤 단어나 이미지로 자리 잡게 할 것인가를 정하고 이를 실현하기 위해 행하는 마케팅 활동이다. '볼보 자동차'라는 말을 들으면 '안전'이라는 단어가 떠오르고, '초코파이'는 '정(情)', '삼성'은 '1등'을 연상시키는 것이 대표적인 포지셔닝 사례다.

1997년 상반기, 그해 10월 1일을 타깃으로 PCS 상용화를 준비하던 마케터에게 PCS 포지셔닝은 첫 번째 숙제였다. PCS 상용화 이전에 이동전화는 비즈니스맨이나 부유층 같은 특정 계층의 전유물이자 부의 상징이었다. 이동전화 안테나를 높이 세운 고급차들이 대도시의 거리를 으스대며 돌아다니기도 했다.(과거 홍콩 느와르 영화에서 조직폭력배 보스의 비서가 커다란 핸드셋을 두 손으로 들고 다니며 전화가 오면 육중한 핸드셋을 보스에게 공손히 바치는 장면이 나오곤 했다.)

1997년 초반 S 이동통신사의 표준요금의 기본료가 월 2만1천원, 통화료가 10초당 28원이었는데, 당시 짜장면 가격이 2,500원 정도 했던 것을 감안하면 상당히 높은 수준이었다. 그해 10월 신생 PCS 사업자들은 기존의 이동전화보다 상당히 낮은 가격으로 PCS 사업을 시작했다. 대표적 요금인 표준요금의 기본료가 월 1만6천원 전후, 통화료는 10초당 20원 전후로 정해져 본격적인 이동전화의 대중화 시대가 열리게 되었는데, 이러한 요금 상의 이점을 감안해 PCS의 포지셔닝 스테이트먼트(Positioning Statement)를 'New & Better'로 정했다. (이런 결정에는 당시 KTF CEO의 역할이 절대적이었다.) 기존 이동통신 서비스보다 한 차원 높은 기술이 적용되었지만, 요금은 저렴한, 가성비와 품질을 모두 잡은 그야말로 환상적인 서비스라는 뜻이었다. 그러나 실제로는 PCS가 기존의 이동전화인 셀룰러에 비해 열위의 주파수를 사용했기 때문에 통화 가능 지역 측면에서 상당한 어려움을 겪었다.

'New & Better' 홍보를 위해서 보도 자료, CEO 인터뷰 등의 홍보 자료를 지속적으로 배포하고 강조함으로써 차츰 언론에서도 좋은 반응이 나오고 우호적인 기사가 쏟아져 나왔었다. 이러한 언론의 도움으로 사람들에게는 PCS가 최첨단이지만 보다 경제적인 꿈의 이동통신으로 인식되었다.

PCS에 대한 기대감이 고조되자 상용화 이전에 PCS에 대한 대기 수요가 생겼고 PCS가 상용화되었던 1997년 4분기에는 핸드셋(이동전화 단말기) 공급이 수요를 따라가지 못하는 기현상이 벌어졌다. 서비스 개통을 위한 대기 시간이 길어지자 이에 불만을 품은 고객 중 대리점과 고객센터에 다소 거칠게 항의를 표하시는 분들도 계셨고, 심지어는 본사 마케팅부서에 전화를 걸어 직설적으로 불만을 토로하는 분들도 적지 않았다. 1997년 4분기에는 핸드셋 확보를 위해 회사 전체에 비상이 걸렸는데, 당시 마케팅 부서는 핸드셋을 한 대라도 더 확보하려고 사방으로 뛰어다니느라 손과 발은 고달팠지만, 물건이 나오는 대로 족족 팔리는 꿈과 같은 시간을 보내고 있었다.

일찍이 조성된 'PCS 붐' 이어가기

1996년부터 언론에서는 PCS 상용화에 따른 기대감을 다룬 기사가 본격적으로 게재되기 시작했다. 이런 호의적인 기사들 덕분에 시장에서는 PCS가 기존의 이동전화보다 우월하다는 인식이 잘 조성되어 가고 있었다.

PCS 사업을 준비하는 입장에서 이러한 상황은 무척이나 고맙기는 했지만 여기에서 두 번째 숙제가 대두되었다. 상용화 한참 전부터 형성된 인기를 어떻게 하면 상용화까지 이어갈 수 있을까? 여기에 대한 답을 제시해야 했다. 이 숙제를 풀기 위해 고민도 많이 했고 여러 분야의 고수들께 자문도 구했는데, 최종 해결책으로 나온 방안은 고객들이 PCS의 실체를 느낄 수 있도록 하는 것이었다. 즉, 직접

1997년 출시된 프리텔 삼성카드

눈으로 보고 손으로 만질 수 있어(tangible) 그 존재를 실감할 수 있
는 실체를 만들어 고객에게 쥐어 드리는 것이었다. 물론 그 실체는
PCS와 밀접한 연관성이 있고, 고객이 늘 곁에 두고 일상적으로 생
활에서 사용하는 것이어야 했다.

이러한 고민의 과정을 거쳐서 1997년 6월 이동통신사 최초의 제
휴 신용카드인 '프리텔 삼성카드'가 탄생했다. 삼성카드와 제휴해
무료통화, 단말기 보상 보험 무료 가입, 주유 할인 등이 제공되는 플
라스틱 신용카드를 만들어 고객들께서 구두선(口頭禪)이 아닌 실체
가 있는 PCS를 느끼실 수 있도록 한 결과, 이러한 작전은 성공적으
로 수행되었다. '프리텔 삼성카드'는 신용카드 시장에서 기대 이상
의 좋은 반응을 얻어 예상을 뛰어넘는 회원을 확보했다. '프리텔 삼
성카드' 회원이 초기 KTF의 우량고객으로 이어져 타 PCS 사업자
대비 높은 ARPU(Average Revenue Per User, 가입자당 월간 사용액)를
올리는 데 큰 역할을 하게 된다.

상용화 첫 달, 청구서 발행 지연 문제

PCS는 원래 1998년 1월에 상용화가 계획되어 있었다. 그런데 모 PCS사가 시장을 선점하겠다는 욕심에 이를 3개월 앞당겨 1997년 10월 1일 상용화를 발표했고, 나머지 2개 사업자들도 경쟁에서 밀릴 수 없다는 생각에 모두 상용화 시점을 3개월 앞당겼다. 그 결과 크고 작은 문제들이 있었는데, KTF에서는 청구서 발행 지연 문제가 발생했다.

1997년 6월의 어느 날, CEO의 갑작스런 호출이 있었다. 무슨 문제가 생겼나 하는 무거운 마음으로 CEO 사무실 문을 열고 들어가자, CEO께서는 10월 1일에 PCS 상용화를 시작하지만 10월 사용 요금을 11월에 정상적으로 청구할 수 없고, 12월에 10월 사용분과 11월 사용분을 합해 청구할 수밖에 없는 상황이니 대책을 모색해 보라고 말씀하셨다.

이 문제를 해결하기 위해 여러 사람이 아이디어를 짜내기 시작했다. 이때 두 개의 그럴듯한 아이디어가 나왔다. 첫 번째 아이디어는 10월에 가입한 고객 모두를 서비스 체험단 멤버로 위촉하고 10월 사용 요금을 면제해 주는 안이었다. 두 번째 아이디어는 7월부터 대대적인 예약가입행사를 진행해, 예약가입자에게는 가입 월 기본료를 면제시켜 주고 300분의 무료 통화를 제공하는 방안이었다. 예약가입을 한 10월 가입자에게 10월분 기본료 면제와 300분 무료 통화 혜택을 제공하게 되면 대부분의 가입자는 10월 사용요금이 0

원이 되어 11월에 청구서를 보낼 필요가 없어진다. 그리고, 10월에 300분 넘게 통화를 해 10월분 사용 요금이 발생하는 소수의 가입자에게는 10월 사용 요금과 11월 사용 요금을 합산해 12월에 청구하는 것이다. 이 경우 고객들은 복잡함에 따른 불편함을 느낄 수는 있으나, 10월 사용요금에 대한 혜택이 커서 이를 양해하고 넘어갈 수 있으리라 생각했다.

첫 번째 안과 두 번째 안을 가지고 숙의를 거듭한 끝에 두 번째 안을 채택하는 것으로 결정했다. 첫 번째 안의 경우 고객 서비스 체험단을 운영하는 것이 상용서비스가 아닌 시범서비스를 시행한다는 오해나 비난을 받을 수 있다는 우려가 있었고, 두 번째 안이 초기 가입자 확보에 보다 효과적이라는 판단이 있었기 때문이었다.

대기 수요의 조기 흡수와 청구 지연 문제 해결을 위해 기획된 기본료 면제와 무료 통화 300분을 내건 예약 가입 프로모션은 기대 이상의 성과를 보였다. 이를 통해 예상을 훨씬 뛰어넘는 100만 명 이상의 예약가입자를 모실 수 있었는데, 이러한 성공은 가입 수요가 핸드셋 공급을 압도하는 핸드셋 부족 대란을 초래하게 되었다.

감당이 안 되는 예약가입자와 이동전화 단말기 부족 사태

예상을 훨씬 뛰어넘는 예약가입자를 모실 수가 있었고, 이러한 고객들의 호응으로 핸드셋이 모자라 즐거운 비명을 질렀지만, 이 성공담을 한 꺼풀만 벗기면 그 안에는 쉰내가 풀풀 나는 고난의 이야기가 있다.

KT가 PCS 사업권을 획득할 당시 필자를 비롯해 KT에는 이동 통신 고객의 서비스 사용 여정(Journey)를 이해하는 사람이 거의 없었고, IT의 완결성에 관심을 가진 사람도 별로 없었다.

1996년 6월에 PCS 사업권을 땄지만 그로부터 9개월이 지난 1997년 3월에야 빌링 시스템(Billing System, 주로 고객의 월간 사용량을 계산해 청구서를 작성하고 단말기 개통 업무를 수행하는 전산 시스템)을 계약하는 커다란 실수를 범했다. 이때부터 10월 1일 상용화 시점까지 7개월이 안 되는 기간에 개발된 빌링 시스템의 완결성은 경쟁자들에 비해 상대적으로 낮았고, 그로 인해 1997년 말부터 1998년 말까지 1년간은 IT를 대신해 직원들의 손과 발이 많이 바빴다. 대리점과의 정산을 수작업으로 하느라 영업 사원들이 한 달에 열흘 이상 외근을 못하고 결산 업무에 투입되는 촌극이 벌어졌고, 바로 앞에서 얘기한 상용화 첫 달 사용 요금 청구 지연 문제도 발생했다. 이러한 문제 외에도 즐겁고도 괴로운 사건이 있었는데, 예상을 뛰어넘은 예약가입자로 인해 발생한 문제였다.

PCS 상용화를 두 달여 앞둔 1997년 7월 하순, KTF에서는 무선 시장에 형성된 PCS에 유리한 분위기를 상용화까지 이어가고 요금 청구 지연 문제를 해결하기 위해 외제 승용차 등 파격적인 경품과 혜택을 내건 예약 가입 프로모션을 처음으로 시작했다.

예약 가입을 위해서는 예약 가입 고객 정보를 저장할 DB가 필요하다. 당시 주전산기기에는 고객 DB 분야가 한참 개발 중이었기 때문에, 예약 가입 고객 정보를 주전산기기에 바로 입력시킬 수 없는 상황이었다. 따라서 예약 가입 양식에 맞춰 엑셀로 간단한 양식(template)을 만들어서 전국에 배포한 후, 고객이 기입한 예약 가입 관련 고객 정보를 각 지역별로 엑셀 양식에 입력하고 이를 본사에서 모아서 상용화 시점 이전에 주전산기기로 옮기는 계획을 준비하고 있었다.

그러나 천 곳이 넘는 지점(spot)에서 예약 가입 고객 정보를 입력하느라 주어진 양식을 변형시켜 사용하는 문제가 발생했다. 새로운 필드를 임의대로 추가하거나 최초 양식에 들어 있는 필드를 제거해 사용하는 경우가 다반사였다. 결국 예약 가입 고객 정보가 기재되어 있는 엑셀 양식을 일괄적으로 주전산기기로 옮기는 계획은 물거품이 되고 말았다. 게다가 예약 가입 프로모션 기획 시에는 20만 명 정도의 예약가입자를 예상했는데, 100만 명이 넘는 분들이 참여한 나머지 가입자들의 정보를 주전산기로 정확하게 옮기는 것이 커다란 일거리가 되었다.

이러한 내부 통제의 실패가 초래한 문제를 해결하기 위해 1997년 8월 말 PCS 상용화가 한 달 정도 남은 시점에 예약 가입을 한 고객들의 정보를 원점에서 다시 입력하기로 결정했다. 각양각색의 양식으로 엑셀에 들어있는 기존의 고객 정보는 모두 폐기하고 통일된 양식에 맞추어 처음부터 다시 고객 정보를 입력하는 일이었다. 이 작업을 위해 아르바이트생 약 300명 정도를 높은 시급을 조건으로 긴급 채용했다. 100명이 1개 조로 8시간씩 하루에 3개 조가 투입되어 80명은 입력을 하고 20명은 입력한 내용을 검증하는 작업을 3주 이상 계속해서 진행했다.

이처럼 24시간 가동의 힘겨운 과정을 거쳐 상용화 직전인 1997 년 9월 하순 예약 가입 고객 DB가 완성되었다. 그러나 정작 즐거운 비명은 이러한 작업이 끝난 직후부터 시작되었다. 1997년 10월 1일 PCS가 상용화가 되자마자 공급 부족에 따른 이동전화 단말기 대란이 시작되었기 때문이다.

1997년 4분기 PCS 상용화에 맞춰 국내 단말기 제조 3사가 준비한 단말기의 수는 100만 대 정도였다. 그러나 PCS 가입 수요는 이를 훨씬 상회하는 수준이었다. 일선 현장에서는 단말기를 빨리 달라는 고객들의 요구에 매일 같이 진땀을 흘리고 있었고, 본사 영업부서 직원들은 단말기를 한 대라도 더 받기 위해 단말기 제조사로 출근하고 현장에서 퇴근했다. 필자도 제조사 담당자에게 추가 단말기 1대당 절을 한 번 하겠다는, 제안 아닌 제안을 했을 정도였다.

이렇게 단말기 대란이 일어나자 원하는 시간에 단말기를 받을 수 없었던 예약 고객들의 불만은 시간이 지날수록 쌓여갔다. 이러한 예약 고객들의 불만을 조금이라도 덜어드리기 위해 늦게 가입할수록 고객이 받는 혜택이 커지는 추가적인 프로그램도 시행해야 했다. 다행히 추가 프로그램에 대한 예약 고객들의 반응은 만족스러웠고 다음 해 3월까지 예약 가입 고객들의 PCS 가입은 순조롭게 이어졌다. 이렇게 해서 KTF는 PCS 3사 중 1위로 도약하는 성과를 거두었다.

기존 이동통신사의 반격(TTL)과 KTF의 대응

PCS 사업 초기, 기존 사업자 대비 협소한 커버리지(통화 가능 지역)의 문제가 있었지만 'New & Better', '프리텔 삼성카드', '예약 가입 프로모션' 등을 통해 많은 가입자를 확보할 수 있었다. 그리고 젊은 층 사이에서는 기존 이동통신 사업자의 서비스를 사용하는 것은 시대에 뒤처진 것이라는 생각이 널리 퍼져 있었다. 즉, 'PCS = 신세대 이동통신 서비스, 기존 이동통신 서비스 = 아저씨 이동통신 서비스'라는 공식이 성립했는데, 실제로 PCS 사업자의 20~30대 가입자 비중이 기존 이동통신 사업자보다 월등히 높았다. 상황이 이렇게 돌아가자 기존 이동통신사 직원들 입에서는 자사의 서비스가 '아저씨 이동통신 서비스'로 포지셔닝 되는 것에 대한 우려의 목소리가 많이 나왔고, 이 목소리는 필자의 귀에까지 들려왔다.

이렇게 PCS가 시장에서 자리를 잡아가던 1999년 중반, 이동통신 1위 사업자인 S사가 20대 전용 브랜드인 'TTL'을 출시했다. 그당시 여타 사업자들은 엄두도 내지 못할 정도의 막대한 자원이 투입되어 제작된 신형 무기인 'TTL'이 전장에 투입되었는데, '전용 요

금제', '전용 맴버십', '전용 고객 서비스 혜택'과 '전용 폰'으로 구성된 'TTL'의 위력은 상당했다. 자신의 취약점인 젊은 층 공략을 위해 새로운 브랜드를 출시한다는 것 자체가 신선한 발상이었고, 타깃 고객층이 선호하는 가치 제안(Value Proposition)을 확실하게 시장에 던졌다는 점에서 칭찬받아 마땅한 작품이었다. 이때가 필자의 마케팅 경력에 있어서 가장 힘들었던 시기였다.

신생 사업자 입장에서 대규모 투자가 필요한 프로그램을 개발해 대응할 수 있는 여력은 없었으나, 넋을 놓고 바라만 볼 수도 없었다. 몇 날 며칠을 고민한 끝에 대응 방안에 대한 결론을 내렸다. 우리만이 가지고 있는 작은 무기를 날카롭게 갈아서 휘두르기로 한 것이었다. 당시 KTF에서는 지금의 무선데이터 서비스의 초기 형태인 '퍼스넷(Personet)'이라는 서비스를 단독으로 출시했다. 필자는 우리만의 무기이고, 완성도는 다소 떨어지지만 새로운 개념의 서비스인 퍼스넷을 집중적으로 홍보하면서 시간을 벌고, 그동안 본격적으로 대형 공격 무기를 개발해 맞대응하는 것이 최상의 방법이라고 생각했다.

이러한 구상을 실행에 옮기기 위해 관련 부서와 협의를 시작했다. 그러나 'TTL' 대응 책임을 자기네 부서로 전가하려고 한다는 담당 부서의 반대로 필자의 구상은 물거품이 되었다. 이때 소위 계급에서 밀리는 아쉬움을 맛볼 수밖에 없었다. 이렇게 합의점을 찾지 못한 채 'TTL'에 대한 대응은 해를 넘겼다.

새로운 천년이 시작되는 2000년 5월, KTF에서는 'TTL'에 대응해 대학생을 타깃으로 하고 '공짜'를 핵심 가치 제안으로 하는 '나(Na)'라는 브랜드를 출시했다. 이색적인 광고로 인기몰이를 하는 등 '나(Na)'는 어느 정도 'TTL'의 대항마 역할을 수행했다. 그러나 KTF의 본격적인 반격은 'TTL' 출시 후 약 1년 반이 되는 시점인 2000년 12월에 여성 전용 브랜드인 '드라마(Drama)'를 출시하면서 이루어졌다고 보는 것이 옳을 것이다.

'드라마'는 당시 새로 취임한 CEO의 직접적인 주도하에 탄생했는데, 경쟁자의 '연령대별 세분 시장 브랜드'에 의한 공략을 '성별 세분 시장 브랜드'의 출시로 응답한 신박한 대응이었다.

'드라마'는 여신 포즈의 유명 여성 탤런트가 출연한 TV 광고가 세간의 화제를 모으며 인구에 회자되기 시작했다. 붉은 장미 색상의 고급 화장품 케이스를 형상화한 KTF 전용 '드라마 폰'은 파격적

세련된 디자인과 고혹적인 색상으로 인기를 끌었던 드라마 폰

이고 고급스러운 디자인으로 큰 인기를 누렸고, 당시 길거리에서는 '드라마 폰'을 들고 다니는 남성들도 왕왕 눈에 띄곤 했다.

'드라마 폰'의 GSM(당시 유럽의 이동통신 기술 표준)형 모델인 SGH-A400은 유럽에 수출되어 상당한 인기를 누렸다. 특히 패션의 본류인 프랑스의 유명한 모바일 전문 잡지인 'Mobile Magazine'에 3페이지에 걸쳐 소개될 정도로 큰 관심을 받고 약 300만 대가 팔린 것으로 알려졌다. 그리고 현재 가격과 성능 면에서 뛰어난 '하이엔드(high end)'급 휴대폰으로 최고의 인기를 누리고 있는 '삼성 갤럭시 Z플립'이 '드라마 폰'을 쏙 빼닮았다는 이야기가 나올 정도로 '드라마 폰'은 시대를 앞서가는 디자인을 뽐냈다.

'아저씨 이동전화'라는 불명예를 벗어나기 위한 경쟁사의 거친 공세에 초반에는 고전했으나, 여성의 로망을 잘 표현한 광고와 들고 있는 손을 빛나게 해주는 전용 폰을 무기로 한 KTF의 역공으로 세분 시장에서의 싸움은 일방적인 승자가 없이 흘러갔다. 시장에서는 공기업이었던 KTF의 마케팅 수준도 만만치 않다는 평가가 나오기 시작했는데, 잘 알려지지 않았으나 '드라마 폰'의 성공에는 당시 CEO의 혜안과 뚝심이 절대적으로 작용했다.

4

이동전화 번호이동과 010 통합 번호의 도입

지금은 모든 이동전화 고객들이 010으로 시작하는 번호를 사용하지만, 2004년 이전에는 이동통신사별로 고유의 식별 번호가 있었다.

KTF 고객은 016으로 시작되는 전화번호를, SK텔레콤 고객은 011, LG텔레콤 고객은 019로 시작되는 전화번호를 사용해야 했다. 그런데 이러한 사업자별 식별 번호 체제는 시장에 먼저 진입한 1등 사업자로의 쏠림 현상을 가속화시키고, 국가 자원인 전화번호의 사용 효율성을 저해하는 측면이 있었다. 2000년대 초반, 정부에서는 앞서 지적한 사업자별 식별 번호 체제의 문제점을 일소하기 위해 상당히 강력한 조치를 취했다. 바로 010 통합 번호와 이동전화 번호이동(Mobile Number Portability) 제도를 도입한 것이었다.

먼저 010 통합 번호에 대해 살펴보면, 2004년 1월 1일부터 이동전화 신규 가입자와 기존의 전화번호를 변경하고자 하는 사람에게는 식별 번호로 010이 부여되도록 했다. 정부의 이러한 조치는 궁극적으로 이동전화의 식별 번호를 010으로 단일화하고 이동통신 사업자별 식별 번호로 쓰이고 있는 016, 011, 019 등을 회수해 미래의 새로운 통신 서비스용 식별 번호로 활용하겠다는 장기적 구상이 전제되어 있었다. 그리고 시장 지배력 강화를 위해 국가 자산인 식별 번호를 브랜드화(Speed 011)한 제1사업자로부터 국가 자산을 환수한다는 의미도 있었다.

다음은 이동전화 번호이동 제도인데, 이동전화 번호이동은 3위 사업자를 위한 비대칭규제가 적용되어 내용이 다소 복잡하다.

2004년 1월 1일부터 6월 30일까지 SK텔레콤 가입자가 타사로 옮길 때는 011로 시작되는 번호를 그대로 가져갈 수 있고, KTF나 LG텔레콤 고객이 SK텔레콤으로 옮길 때는 반드시 011로 시작되는 번호로 변경해야 했다. 그리고 7월 1일부터 12월 31일까지는 KTF나 SK텔레콤 고객이 LG텔레콤으로 옮길 때는 016(KTF) 또는 011(SK텔레콤)로 시작하는 번호를 그대로 가져갈 수 있고, LG텔레콤 고객이 KTF나 SK텔레콤으로 옮길 때 반드시 016이나 011로 시작하는 번호로 변경해야 하는, 꽤 복잡한 내용이었다. (2005년 1월 1일부터는 모든 이동통신 사업자 간의 이동 시 기존에 사용하던 번호를 그대로 가져갈 수 있도록 했다.) 이 복잡한 내용을 그림으로 정리하면 다음과 같다.

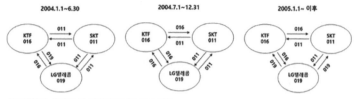

사업자별로 시차를 둔 이동전화 번호이동 제도

　　010 통합 번호 도입은 상당히 합리적인 결정이라는 평가를 받았
지만, 사업자별로 시차를 둔 번호이동 제도는 실력 대결에서 밀린
꼴찌 사업자를 위한 불공정한 제도라는 비판을 받았다. 독점 시절
충분한 네트워크 효과를 누리며 성장한 제1사업자의 시장 지배력을
완화해 경쟁의 유효성을 제고하겠다는 취지는 높이 살 만하나, 국내
에서 손꼽히는 재벌그룹에서 출발한 사업자만을 위한 6개월 간의
일방향 번호이동 제도는 특혜라는 비난을 낳았다.

'가성비'를 내세운 KTF 마케팅 프로그램

　　이동전화 번호이동이 실시되기 직전인 2003년 하반기 KTF의
경쟁 상황은 녹록하지 않았다. 1위 사업자는 '품질'과 '자부심'이라
는 최상의 두 단어를 품고 있었고, 3위 사업자는 '싼 요금'을 잘 소구
하고 있었다. 비용에 민감하지 않고 더 나은 서비스를 원하는 고객
이나 현시적인 소비를 지향하는 분들은 011을 선호했고, 비용에 민
감한 분들은 019를 가입했다. KTF의 경쟁 상대인 두 사업자는 자

신만의 뚜렷한 색깔을 가지고 있었으나, KTF는 그렇지 못한 상황이었다.

이러한 불리한 상황을 타개하기 위해 가장 먼저 결정한 것이 KTF의 서비스 포지셔닝이었다. 즉, KTF라는 말을 들으면 고객이 어떤 단어나 이미지를 떠올리도록 할 것인가를 새롭게 결정하는 전략이었다.

1위 사업자가 지향하는 방향으로 전진해 1위 사업자를 이기는 것은 불가능할 뿐더러 바보 같은 짓이라는 것을 너무도 잘 알고 있었고, 3위 사업자의 길은 손익 측면에서는 물론 장기적인 브랜딩 관점에서도 결코 가지 말아야 하는 길이었다.

그럼 어떤 길이 남아있었을까? 이때 찾아낸 길이 요즘 표현으로 말하면 '가성비'였다. 그 당시에는 '가성비'라는 말이 많이 쓰이지 않았고 영어로 'value for money'라는 표현을 사용했는데, 지출 1원당 고객이 느끼는 효용을 높이겠다는 것이었다. '가성비'를 높이기 위해 우선적으로 민감도가 높은 요금 분야에 눈을 돌려 중고가의 기본료에 상대적으로 많은 혜택을 제공하는 요금제를 중점적으로 출시했다.

'value for money' 요금제의 1탄은 '무제한 커플요금'으로 월 23,000원 정도의 기본료로 커플 간 무제한 통화를 할 수 있는 요금 상품이었다. 본격적인 전쟁에 앞서 무제한 요금에 대한 시장 수용도를 가늠하기 위해 '무제한 커플요금'을 이동전화 번호이동이 시작되기 4개월 전인 2003년 8월에 출시했다. 합리적인 기본료 수준과

감각적인 TV 광고에 힘입어 '무제한 커플요금'은 20대 시장에서 인기몰이를 했다. 가입자 수가 최대일 때에는 그 수가 50만 명에 달할 정도의 효자 상품이 되었다.

'무제한 커플요금'으로 무제한 통화 요금의 가능성을 타진한 이후, KTF는 대한민국 이동전화 역사상 최초로 모든 수신자와 무제한으로 통화를 할 수 있는 요금제를 설계, 2004년 1월 13일 출시했다. 이 역사적인 요금의 이름은 '무제한 정액 요금'이었고 기본료는 월 10만 원이었다. 지금 생각하면 10만 원에 무제한 통화는 너무 비싼 수준이나, 당시만 해도 상당히 파격적인 요금이었다.

이 요금제도는 1위 사업자에 충성도가 높은 고객을 KTF 쪽으로 끌어들이기 위해 설계되었는데, 가장 큰 위험 요인은 이 요금제에 가입하고 아웃바운드(outbound, 발신) 전용으로 사용할 경우였다. 하루에 약 3,300원을 지불하고 유무선 구별 없이 24시간 내내 통화할 수 있기 때문에, 기존의 아웃바운드 전용 콜 센터에서는 발신용 유선전화를 KTF '무제한 정액 요금'에 가입한 이동전화로 교체하는 것이 비용 측면에서 유리한 상황이었다. 이렇게 할 경우 과다한 통화 트래픽 발생에 따른 네트워크 원가의 상승 문제도 있었지만, 타 사업자 망으로 연결된 통화에 의해 발생한 접속료 문제가 커다란 리스크로 대두하게 된다. 이러한 리스크를 방지하기 위한 여러 가지 방안이 논의되었는데, 최종적으로 아웃바운드 전용으로 사용되는 것을 효율적으로 막을 수 있는 방안이 채택되었다. 이용약관에 월 100분 이상의 인바운드(inbound, 수신) 통화가 없을 때 표준요금

벤츠폰으로 불리었던 SPH-E3200 단말기

기준으로 과금을 한다는 조항을 명시하는 것이었다.

한편 무제한 요금 시리즈 이외에도 당월에 사용하지 못한 무료 통화를 다음 달로 이월시켜주는 '무료 통화 이월 요금'를 2004년 2월에 국내 최초로 출시했다. 지금은 당월에 사용하지 못한 무료 통화를 현금으로 돌려주는 요금도 있지만, 당시로서는 무료 통화를 다음 달로 이월시켜주는 요금제가 시장에서 꽤 신선한 것으로 평가받았다.

요금제 이외에도 오랫동안 공들여서 선을 보인 비장의 카드가 또 있었다. 바로 유럽에서 '휴대폰의 벤츠'라고 호평받았던 SGH-E700 모델을 KTF 전용폰(SPH-E3200)으로 도입한 것이다. 일명 '벤츠폰'이라는 애칭으로 불린 SPH-E3200은 독특한 디자인은 물론, 지금은 당연하지만 당시에는 보기 드문 안테나 내장폰(일명 인테나폰)으로 많은 인기를 끌었는데, 특히 '무제한 커플요금'을 사용하는 커플들이 남성은 다크 블루 색상의 폰을, 여성은 레드 색상의 폰을 구입하는 경우가 많았다. 이렇게 해서 '무제한 커플요금'과 '벤츠폰'의 결합으로 요금과 단말기가 어우러진 새로운 마케팅을 선보일 수 있었다.

2000년대 초반을 풍미한 '벤츠폰'은 최근 다시 한번 우리들의 곁으로 다가왔다. 2013년 11월 삼성전자는 '벤츠폰'을 오마주한 갤럭시 스페셜 에디션인 '갤럭시 Z 플립5 레트로'를 출시해 고객들에게 최신 트렌드인 복고의 정취를 느낄 수 있도록 했다.

요금과 단말기 이외에도 이동전화 번호이동을 위한 여러 가지 프로그램이 있었다. 그중 눈에 띄는 것으로 KTF 소액주주의 자발적 번호이동과 가입자 유치 프로그램이 있었다. 당시 KTF는 경쟁사와 달리 소액주주의 비중이 높았는데, KTF 소액주주의 수는 수만 명에 달했다. 수만 명에 달하는 소액주주 가운데 약 250명은 인터넷 카페에서 활발하게 활동했다. 이들은 다른 소액주주들로 하여금 KTF로 번호이동을 설득하고 이를 일반 고객에게도 홍보하는 역할을 해주셨다. 소액주주 입장에서는 자신들의 활동이 주가의 상승에 직접적으로 영향을 준다는 측면에서 의의가 있고, KTF 입장에서는 적은 비용으로 가입자를 유치할 수 있었던 윈-윈 프로젝트가 되었다.

KTF의 '가성비'를 내세운 마케팅 프로그램은 가입 시장에서 큰 힘을 발휘했다. 번호이동이 시작된 2004년 1분기에만 85만 명을 상회하는 가입자 증가가 있었는데, 이분들 중 절반에 가까운 약 41만 명이 경쟁사에서 넘어온 고객이었고 이분들의 월간 사용액(ARPU)

은 기존 가입자의 2배에 가까웠다. 즉, KTF는 번호이동 제도 도입을 기회로 잘 활용해 '가입자의 양과 질' 두 마리의 토끼를 모두 잡는, 기대 이상의 선전을 펼쳤다.(참고로 2004년 1사분기 L사는 KTF의 절반을 약간 상회하는 약 44만 명의 가입자 증가를 기록했다.)

5

영화 투자 프로젝트 '굿 타임 시네마 파티' 마케팅

유튜브, VOD와 OTT가 없던 2000년대 초반 극장에서 영화를 소비하는 행위는 젊은 세대의 문화 코드 중 하나였고, 영화는 이들이 가장 열광하는 콘텐츠였다. 일찍이 젊은 층과 영화의 연관성을 파악한 KTF는 젊은 고객에 가까이 다가가는 수단으로 영화를 마케팅 프로그램의 소재로 많이 활용했다.

그중 고객들이 영화에 직접 투자도 하고 영화 제작에 직간접적으로 참여할 수 있는 프로그램인 '굿 타임 시네마 파티'는 한 직원의 아이디어에서 시작되었다. 회사(KTF)와 고객이 함께 영화에 투자하고, 투자한 고객에게는 영화 제작에 참여할 수 있는 기회를 제공함으로써 고객에게 새로운 경험을 제공하는 감성적 마케팅을 펼치자는 주장이었다. 투자 손실에 대한 리스크는 있지만 아이디어의 참신성이 돋보여 곧바로 실행에 옮겼다.

이때부터 사무실의 한쪽에는 수십 개의 영화 시나리오가 쌓이기 시작했다. 영화에 관심이 많은 직원들과 초빙된 외부 전문가 한 분이 수많은 시나리오를 검토한 결과 최종적으로 〈웰컴 투 동막골〉

과 〈미녀와 야수〉 두 개의 시나리오를 선정했다.

〈웰컴 투 동막골〉은 제목이 다소 투박해 보여 망설였으나, 자세히 모르는 분야에 대해서는 전문가에게 맡기는 것이 옳다는 판단으로 두 개의 시나리오에 투자하는 것으로 바로 결론을 내렸고, 투자방법, 참여 고객 혜택 등의 프로그램 세부 내역의 기획에 들어갔다. 투자 손실 발생 시 고객의 손해를 최소화한다는 대원칙하에 세부프로그램이 수립되었고 그 내역은 다음과 같았다.

- 투자 규모: 총 40억 원
- 자격: 만 19세 이상의 KTF 개인 고객
- 투자 대상: 두 편의 영화에 분산 투자, 웰컴 투 동막골(60%), 미녀와 야수(40%)
- 투자 방법: 현금 또는 요금으로 투자 가능
- 현금 투자: 100만 원 단위(최소 100만 원 ~ 최대 1,000만 원)
- 요금 투자: 6만 원/9만 원/15만 원/30만 원 중 택일 (6만 원 요금 투자의 경우 기존의 기본료에 월 2만 원씩을 3개월 동안 추가로 납부, 9만 원 요금 투자의 경우 기존의 기본료에 월 3만 원씩을 3개월 동안 추가로 납부 등)
- 정산
- 이익 발생 시: 투자 원금 + 배당(투자 지분율 기준) + DVD(3만 원/장 상당, 1~2장)
- 손실 발생 시: 투자 원금의 70% + DVD(1~2장)
- 기타: 투자 고객에게 영화 제작 과정을 직간접적으로 참여할 수 있

영화 〈웰컴투 동막골〉 포스터

　는 기회(촬영 현장 방문, 엑스트라 출연, 시사회 참석 등) 제공

　　이동통신 가입자가 직접 영화에 투자할 수 있는 국내 최초의 프로그램인 '굿 타임 시네마 파티'는 최초 아이디어가 나온 시점으로부터 1년을 조금 넘긴 시점인 2005년 8월에 1탄인 〈웰컴 투 동막골〉을 개봉했다.

　　영화가 이동통신과 전혀 다른 업종인데다 처음으로 시도하는 분야여서 큰 기대는 하지 않고 고객들과 어울릴 수 있는 색다른 시도를 했다는 데 의미를 두었다. 다만 손실이 날 경우 투자 고객의 실망감이 클 수 있다는 점에서 영화의 흥행에 대한 스트레스는 상당했다. 다행히 탄탄한 각본과 배우들의 연기력, 광고 감독 출신인 감독의 영상미 등에 힘입어 800만 명을 넘는 관객을 모아, 소위 대박을 치는 해피 엔딩을 맞이했다. 〈웰컴 투 동막골〉의 투자 수익률은 90%에 달해 KTF를 믿고 투자에 동참한 고객들께 기쁨을 드릴 수 있게 되었다.

'굿 타임 시네마 파티' 2탄인 〈미녀와 야수〉는 〈웰컴 투 동막골〉에 이어 2004년 10월에 개봉했다. 〈웰컴 투 동막골〉 만큼의 흥행을 펼치지는 못했지만 손익분기점을 맞추는 수준의 성적표를 보여 최종적으로 투자 고객에게는 투자 원금의 54%에 달하는 이익을 배당할 수 있었다. 100원을 투자한 고객에게 투자 원금 포함 총 154원을 지급한 셈이다.

KTF와 이동통신 시장의 핵심 고객층인 젊은 세대들과 새로운 관계 설정의 일환으로 시도한 영화 투자 프로젝트는 다행히 고객들에게 달콤한 선물을 제공했고, KTF가 고객들에게 다가가기 위해 노력하는 브랜드로 자리매김하는 데 일조했다. 또한 이후의 영화 관련 프로젝트 탄생에 디딤돌 역할을 하게 된다.

6

월드컵 마케팅, 앰부쉬 마케팅의 매운 맛

경쟁사의 매복에 당한 2002년 월드컵

2002년 6월은 월드컵의 열풍이 대한민국 전체를 집어삼켰다. 당시 6살이었던 필자의 둘째 아들이 망토를 걸치고 호루라기를 불며, 잘 모르는 이웃들과 어울려서 아파트 단지를 돌며 '대~한민국'을 외치던 모습이 지금도 생생하게 기억난다.

2002년 월드컵 당시 KTF는 월드컵 공식 후원사였다. 이를 너무 믿었던 것일까. 경쟁사의 움직임에 별 관심을 기울이지 않다가 공식 스폰서 기업이 아님에도 공식 스폰서처럼 보이게 하는 앰부쉬 마케팅(Ambush Marketing)에 걸려 어려움을 겪었다. 당시 대한민국 축구 국가대표팀 공식 서포터즈인 '붉은 악마'와 제휴 기회를 놓친 것이 가장 큰 화근이었다.

'붉은 악마'에서는 공식 후원사인 KTF에게 먼저 월드컵 공동 마케팅을 제안했다. 그러나 담당 부서에서는 자신감을 바탕으로 굳이 '붉은 악마'와 공동 마케팅까지 할 필요가 없다는 판단으로 이를

SK텔레콤의 2002년 월드컵 광고

거절했고, 결국 '붉은 악마'는 경쟁사와 손을 잡았다. 그 후 대한민
국 축구 국가대표팀이 월드컵에서 4강 기적을 연출함에 따라 2002
년 초여름 대한민국은 온 나라가 월드컵 열기로 둘러싸였고, '붉은
악마'는 축구 국가대표팀에 이어 2002년 4강 신화의 두 번째 주역
으로 자리매김했다. '붉은 악마'와 손을 잡은 경쟁사는 2002년 월드
컵 하면 떠오르는 기업 1위로 부상하며 앰부쉬 마케팅의 매운맛을
보여주었다. 지금도 포탈의 검색창에서 '앰부쉬 마케팅'을 검색하면
2002년도 월드컵 사례가 가장 먼저 나오는 등 '붉은 악마'가 주요

역할을 한 경쟁사의 2002년도 월드컵 마케팅은 대한민국 앰부쉬 마케팅의 대명사가 되었다.

KTF의 반격, 2006년 독일 월드컵

'붉은 악마' 그리고 '레즈 고 투게더'

2002년 월드컵 마케팅에서 경쟁사의 앰부쉬에 1패를 당한 KTF는 2005년 가을부터 칼을 갈며 2006년 월드컵 마케팅을 준비했다. 2002년도에 만났어야 할 '붉은 악마'와 손을 잡기로 하고, 2005년 12월 1일 '붉은 악마' 대표자들과 함께 공식 후원 조인식을 가졌다.

필자는 2006년 1월까지 지역본부장으로 근무하다 본사 마케팅 부서로 복귀했는데, 얼마 지나지 않은 시점에 '붉은 악마'의 대표들과 만남의 자리를 가졌다. 그들의 젊지만 당찬 모습이 참으로 인상적이었다. 만남의 자리에서 그들은 필자에게 사전 협의 없이 이리로 가라, 저리로 오라 하지 말라는 딱 한 가지만 요구한다는 말을 꺼냈다. 갑작스러운 동원 요구로 말미암아 2002년도에 후원사와 많은 갈등이 있었고, 이것이 결별의 결정적인 사유가 되었다는 설명을 덧붙였다.

필자 입장에서는 너무나 당연한 사항이어서 흔쾌히 받아들였고, 혹시 직원들이나 타 부서에서 엉뚱한 요구를 할 경우 즉시 알려달라는 당부도 했었다.

2002년 월드컵 마케팅을 되돌아보면, 국민의 참여와 공감 측면에서 KTF가 준비한 프로그램은 부족함이 있었다. 2006년 월드컵 마케팅의 준비는 2002년 월드컵에 대한 반성에서 출발했고, 국민의 참여와 공감을 극대화하는 방향으로 모든 프로그램을 준비했다.

12번째 태극전사인 '붉은 악마'와 손잡은 이후 KTF의 2006년 와신상담 월드컵 마케팅은 1월부터 불을 뿜었다. 그러나 예상하지 못한 돌발상황이 발생했다. 보수 기독교 단체에서 '붉은 악마'와 단절하지 않으면 불매 운동 등을 벌이겠다는 통보가 왔다. 그분들의 주장은 '붉은 악마'가 등장하는 광고를 하는 것은 악마를 숭상하는 행위이기 때문에 이를 즉시 중단해야 한다는 것이었는데, 그분들을 설득하는 일은 무척이나 어려운 일이었다.

우리는 논리의 문제로 다가가지 않고 가능한 한 그분들을 자주 만나서 우리의 상황을 지속적으로 설명하는 것이 최선이라고 판단했다. 그분들이 그만 오라고 할 정도로 직원들이 자주 찾아갔고 기독교와 관련이 있는 주변 분들에게도 도움을 청했다. 당시 독실한 기독교 신자였던 KTF CEO께서도 열심히 뛰어 주셨고 많은 분의 도움에 힘입어 이 문제는 가까스로 수면 아래로 내려갔다.

'붉은 악마'와 손을 잡고 가장 먼저 한 일은 월드컵 응원가를 만드는 일이었다. 2002년도 월드컵 때 4강 신화와 함께 인기를 얻은 응원가가 몇 곡이 있었으나, 그 수가 많지 않아 경기장에서 2시간 이상 노래를 부르며 응원하는 데 어려움이 있었기 때문이다. 우리나라 사람들이 부를 월드컵 응원가를 우리 손으로 만들자는 취지로 작업을 진행했다. 다행히 많은 뮤지션이 자발적으로 참여해 주셔서 짧은 기간이었지만 완성도 높은 곡들이 만들어졌다.

이때 만들어진 대표적인 응원가로는 '레즈 고 투게더(Reds Go Together)'와 '승리를 위하여' 두 곡을 뽑을 수 있다. 당시 이 두 곡을 놓고 어느 곡을 2006년 월드컵을 대표하는 응원가로 띄울 것인가를 고민했다. 두 곡 모두 떼창하는 데 적합하다는 공통의 장점이 있었는데, '승리를 위하여'는 웅장하고 유려한 멜로디가 돋보였고, '레즈 고 투게더'는 따라 부르기 쉬운 멜로디가 특징이었다.

잘 만들어진 두 곡 중 하나를 고르는 것은 행복한 고민이었다. 많은 사람에게 전파하기 위해서는 일반인이 따라 부르기 쉬운 곡을 선택하는 것이 정답이라는 의견이 다수여서 '레즈 고 투게더'를 2006년 월드컵 대표 응원가로 선정했다.

'레즈 고 투게더'를 띄우기 위한 가장 효율적인 방법은 TV 광고였다. 짧은 시간 내에 특정 노래를 띄우기 위해서는 임팩트 있는 새로운 형식의 광고를 고민해야 했다. 마침 당시 최고의 인기를 구가하고 있었던 '개그 콘서트'에서 '고음불가'라는 코너가 돌풍을 일으키고 있었다. 노래를 잘하는 개그맨 두 명과 고음이 안 되는 음치 개그맨 한 명이 나와서 유명한 노래를 펼치는 코너였는데, 이 코너의 형식을 그대로 차용해 TV 광고를 만들자는 의견이 있었고 이는 바로 실행으로 옮겨졌다.

'고음불가' TV 광고가 방영된 이후 '레즈 고 투게더'는 날개를 달고 대한민국 전역으로 퍼졌다. 흥이 오른 술자리에서 음치 개그맨이 부르는 부분을 따라 하는 분들이 계셨고, 동네 꼬마들도 길거리

심플하고 세련된 디자인으로 2006년
월드컵 당시 큰 인기를 끌었던 티셔츠

나 공원에서 흉내를 내기도 했다.

'레즈 고 투게더'가 베스트셀러였다면, '승리를 위하여'는 스테디셀러에 비유할 수 있지 않을까? 지금도 '승리를 위하여'는 축구 응원가로 큰 사랑을 받고 있으며, 야구장과 농구장에서도 심심치 않게 들려온다.

경기 초반 응원가에서 승기를 잡은 KTF는 후속 프로그램을 순차적으로 선보이며 월드컵 마케팅 전쟁에서 차츰 주도권을 잡아가기 시작했다. 응원가 띄우기에 이은 2탄은 응원복이었다. '붉은 악마'와 B사가 공동으로 디자인한 티셔츠는 붉은 바탕에 중앙에는 'REDS, GO TOGETHER'가 새겨져 있고 왼쪽 반팔 소매에는 축구협회의 호랑이 엠블럼이 박혀 있었는데, 심플하고 세련된 디자인과 2002년도 비해 한 단계 업그레이드 된 옷감으로 많은 사람이 가지고 싶어 하는 최고의 인기템이 되었다.

이 티셔츠는 100만 장 이상 판매되어 응원복을 제작한 B사는 티셔츠 한 종으로 돈방석에 앉았다. 급기야 이를 모방한 짝퉁 티셔츠가 난무해 경찰이 단속에 나서 업자들을 입건했고 이 사실이 공중파 TV 뉴스의 소재가 되는 진풍경도 벌어졌다.

100만 명 이상이 입은 붉은 티셔츠의 위력은 대단했다. TV 광고를 통해 서서히 사람들의 입에 오르내리던 '레즈 고 투게더'는 100만 장의 티셔츠에 의해 명실상부한 2006년 월드컵 대표 슬로건으로 자리를 굳혔다.

핵심 타깃의 동선을 따라서

월드컵은 전 국민의 관심이 쏠린 최고의 축구 이벤트이지만, 20~30대 젊은 층의 관여도가 가장 높았다. 길거리 응원 등 월드컵 관련 활동이 가장 왕성한, 월드컵 마케팅의 핵심 타깃층이다. 월드컵 마케팅에서 승리하기 위해서는 젊은이들을 우리 편으로 만들어야 하는 숙제를 풀어야 했다. KTF는 이들의 동선을 따라다니며 서로 친해지는 방향으로 이 숙제를 풀기로 했다.

2006년 월드컵의 개막은 6월이었기 때문에 KTF는 그 직전인 5월에 열리는 대학 축제를 겨냥해 월드컵 마케팅을 가동하기로 했다. 대부분의 대학에서는 축제 기간 중 대형 무대를 설치하고 유명인들이 출연하는 콘서트 형식의 메인 프로그램을 진행하는데, KTF는 효율성 측면에서 이 무대가 젊은 층에게 월드컵 마케팅을 펼치는 가장 좋은 대안이라고 판단, 9개 대형 대학의 축제에 참여했다. 각 대학교의 응원단 멤버들이 KTF 브랜드가 노출된 무대 위에 올라 '레즈 고 투게더'에 맞춰 응원을 시연했고, 축제에 참여한 학생들은 이들을 따라 '레즈 고 투게더'를 떼창을 했다. 필자도 모 대학 축제의 현장에 직접 참여했는데, 수많은 젊은이가 응원가에 맞추어 내뿜는 열기는 장쾌함 그 자체였다.

대학 축제에 이어서 찾아간 곳은 젊은이들이 모여서 춤을 추는 클럽이었다. 클럽에 어울리도록 '레즈 고 투게더' 리믹스 버전을 제작해 전국의 유명 클럽과 홍대 주변의 클럽에 배포하고, 주말에 집중적으로 '레즈 고 투게더'를 틀도록 유도했다. 덕분에 필자도 태어나서 처음이자 마지막으로 클럽 내부를 직접 들여다볼 수 있는 호사를 누렸다.

KTF가 마지막으로 공략한 곳은 하루 380만 명의 이동 통로인 서울 지하철 5~8호선 147개 역사였다. 147개 역사에 포스터와 현수막을 부착했고 게릴라 프로모션을 진행했으며, 역내 방송에서는 응원가가 흘러나왔다. 또한 지금은 없어진 종이 승차권에는 'Reds go together Festival'이라는 문구를 인쇄했다. 특히 '붉은 악마'가 주도하는 거리 응원이 펼쳐지는 광화문 일대와 가장 가까운 5호선 광화문역은 역 전체를 포스터와 대형 현수막으로, 말 그대로 도배했다.

2005년 말부터 숨 가쁘게 달려온 2006년 월드컵 마케팅은 6월 13일부터 시작한 국가대표팀 예선 세 경기로 막을 올렸다. 세 경기 모두 밤 늦은 시간 또는 새벽에 열렸지만, 광화문 일대에는 매번 30만 명에 가까운 분들이 모여서 열정적으로 거리 응원을 했다. 매번 시민들의 커다란 호응에 따른 기쁨도 컸지만, 한편으로는 안전사고에 대한 걱정이 앞섰다.

2006년 월드컵 조별 리그에서 대한민국 축구 국가대표팀은 1승 1무 1패라는 성적을 냈지만, 승점 1점 차이로 16강 진출에 실패하는 아쉬움을 맛보았다. 하지만 월드컵 참가 52년 만에 원정 첫 승리라는 귀중한 선물을 챙길 수 있었다.

2006년 월드컵 마케팅의 성적표는 조별 리그가 끝나고 얼마 후에 나왔는데, 다행히 지난 번의 아쉬움을 털어버릴 수 있는 성적이었다. 거리 응원에 참여한 인원수, 월드컵 관련 기업 TOM(Top of Mind)과 응원가 TOM에서 모두 경쟁사를 상당한 격차로 따돌리는 승리의 성적표를 받았다. TOM은 여러 경쟁 브랜드 중 소비자가 맨 처음 떠올리는 브랜드를 일컫는다.

2006년 월드컵 마케팅은 이해관계자들이 많아서 항상 크고 작은 이슈들이 끊임이 없었던 프로젝트였다. 숫자는 적지만 전문성과 열정으로 똘똘 뭉친 멤버들 덕분에 경쟁사와 시원하게 설욕전을 펼칠 수 있었던 6개월이 넘는 긴 여정은 2006년 6월 말 멤버들과의 뒤풀이 장소에서 '고음불가' 버전으로 '레즈 고 투게더'를 함께 부르며 마무리되었다.

디자인 경영

KT는 정부 부처에서 시작해 공기업을 거쳐 민영기업으로 변신을 거듭했다. 민영기업이 된 이후에도 KT 내부 깊숙한 곳에는 공기업 시절에 축적된 '투박함'이 남아 있었는데, 최첨단 산업인 통신업을 영위하는 기업 입장에서 '투박함'은 고객과의 거리를 멀게 하는 큰 장애물이었다. 디자인 경영은 이러한 투박함을 지워버리기 위한 가장 효율적인 방안이라는 판단하에 도입되었다. 디자인 경영의 시작에는 필자의 보스이셨던 P 사장님의 혜안과 결단이 절대적으로 작용했다.

디자인 경영을 시작하던 무렵 회사 내부에서는 디자인 경영 추진에 대해 사치스러운 시도라는 부정적인 의견이 지배적이었다. 그때 P 사장님의 강력한 의지와 지원에 힘입어 누가 뭐라고 하든 돌격 또 돌격이 일사천리로 이루어졌다.

'디자인 마케팅'이 아닌 '디자인 경영'이라는 표현을 쓰는 이유는 디자인은 마케팅을 뛰어넘는 기업문화나 경영 철학의 영역이기 때문이다. CEO나 오너 차원의 결단과 적극적이고 지속적인 지원이 없으면 디자인은 일회성 퍼포먼스가 될 수밖에 없다.

KT 디자인 경영의 발전사는 크게 3기로 구분할 수 있다. 디자인 경영 제1기인 2006년부터 2008년은 도입기에 해당한다.

이 시기에는 기술이나 기능에 대한 일반적으로 딱딱하고 차가운 이미지를 디자인을 통해 감성적으로 전환하고, 서비스의 유형화를 통해 고객의 서비스 접근성을 강화하는 데 역점을 두었다. 이를 위해 기업의 컬러를 하이테크(High Tech)와 이성적 분위기를 대변하는 블루(Blue)에서 따뜻함을 느낄 수 있는 오렌지(Orange) 색으로 바꾸었다. 또한 회사 내부에 여러 부서로 흩어져 있던 디자인 인력을 한곳으로 모았으며, 회사 내부의 다양한 분야에서 일하면서 디자인에 관심이 많던 직원들로 구성된 '디자인 프런티어'라는 그룹으로 조직하고 고객 니즈 파악 및 창의적인 제안 활동을 시행하도록 했다.

이 시기의 대표적인 디자인 결과물로는 오렌지 컬러 기반의 대리점 매장 디자인, 고객의 눈높이를 만족시키는 것은 물론 대리점 직원의 자부심과 사기를 높일 수 있도록 매장 직원의 유니폼을 유명 패션 디자이너의 작품으로 선보인 것 등을 꼽을 수 있다.

디자인 경영 제2기는 2009년부터 2013년까지인데, KT 디자인 경영 성장기에 해당한다. 2009년 KT와 KTF의 합병이 성사되면서 디자인 경영도 큰 물살을 타기 시작했다. 두 회사가 합쳐지면서 비주얼 아이덴티티를 통합하고, 제1기 때의 성공적 경험을 더욱 많은 영역으로 확대하는 데 주력했다. 무엇보다 기업 대표 컬러를 '감성'

올레스퀘어는 새로운 개념의 공간으로서 KT의 대표적인 디자인 경영 성과 중 하나로 꼽는다.

이 강조되는 시대적 분위기에 맞추어 오렌지에서 레드(Red)로 변경했다. 그리고 통합 KT의 기업 브랜드(CI) 디자인 리뉴얼과 더불어 무선서비스 SHOW와 유선서비스 QOOK를 하나로 합한 Olleh 브랜드(BI) 디자인을 기획했다. KT가 글로벌로 뻗어 나가는 위상을 상징하는 '혁신의 휘날림(Wave of Innovation)'을 디자인 모티프로 해 CI, BI 디자인과 더불어 기업서체인 올레체까지 일관되게 적용했다.(CI 디자인 리뉴얼과 올레체에 대해서는 이 책의 3장 9절에서 자세하게 살펴본다.)

이 시기에 빼놓을 수 없는 디자인 경영 성과 중 하나는 복합 문화 공간인 '올레스퀘어'를 구축한 것이었다. 광화문에 위치한 '올레스퀘어'는 카페, 문화, 자연과 IT를 조화롭게 융합해 방문하는 고객들의 자연스러운 체험과 참여를 유도하는 새로운 개념의 공간이었다. 공연 문화를 즐길 수 있는 '드림 홀' 공간, 실내 공간이지만 길거리 카페 분위기를 생동감 있게 연출한 '라운지 공간', 다양한 식물들이 내뿜는 피톤치드 향과 친환경적인 LED 조명이 어우러진 도심 빌딩 속의 휴식처인 '에코라운지 공간' 등을 마련했다. '올레스퀘어'는 개장하자마자 장안의 명소로 급부상해 예상을 훨씬 상회하는 손님들이 방문했다.

'올레스퀘어'가 만들어지기 직전에 그 자리에는 'KT 아트홀'이라는 공연과 전시가 가능한 공간이 운영되고 있었다. 'KT 아트홀'의 일일 평균 내방객 수는 600~700명 정도였지만 '올레스퀘어'가 문을 열면서 일일 평균 방문객 수는 3,000명을 상회했다. '올레스퀘어'는 일일 평균 2,000명 정도의 방문객을 수용할 수 있도록 설계되었는데, 문을 연 지 얼마 되지 않아 내방객 수가 수용 가능 인원을 훌쩍 넘기는 상황이 발생한 것이다. 이에 긴급하게 안전진단을 받아야 하는 해프닝이 벌어지기도 했는데, 이러한 사실은 '올레스퀘어'가 더욱 널리 알려지는 계기가 되었다.

디자인경영 제2기의 전기 대표작이 '올레스퀘어'라면 후기 대표작은 제품 아이덴티티(PI, Product Identity)이다. 그 당시 KT는 셋톱박스, 인터넷 모뎀 등 50여 종 약 250여 개의 단말기를 여러 제조사로부터 납품받아 고객에게 제공하고 있었다. 그러나 아이덴티티가 정해져 있지 않아 디자인 품질이 낮은 각양각색의 제품들이 아무렇

KT의 서비스가 구현되는 다양한 제품에 일관된 개성과 고급스러움을 부여한 PI 디자인.

지도 않게 고객들에게 뿌려지는 상황이었다. 이러한 볼품없는 단말기들은 눈에 띄지 않는 공간에 처박혀져 간신히 기능적인 역할만을 수행하고 있었다.

버림받고 구석에 처박혀져 있는 KT의 얼굴들을 살리기 위한 프로젝트는 2011년에 시작된다. 2011년부터 2012년까지 2년 동안 'PI 디자인 프로젝트'를 통해 고급스러운 재질에 단말기 외곽 박스, 버튼, 스위치, 라벨, 제품 패키지 등 세부적인 요소까지 독창적이고 일관성 있는 아이덴티티가 적용된 KT만의 고유한 스타일의 단말기들이 탄생했다. 'PI 디자인 프로젝트'는 스타일리쉬한 KT 단말기를 세상에 선보였을 뿐만 아니라, 대량 생산을 가능하게 하여 혁신적인 비용 절감이라는 보너스도 두둑하게 챙길 수 있었다.

디자인 경영 제3기는 2014년~2015년까지인데, KT 디자인 경영의 성숙기라고 말할 수 있다. 우선 디자인 담당 조직을 기존 부장급의 소팀제 규모에서, 상무급의 대팀제 규모로 강화했다. 실력 있는 디자이너 채용과 육성을 촉진하고 디자인 역량 향상을 위해 제품,

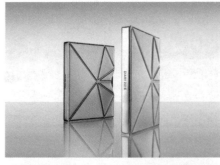

다이어리 표지에 자석을 사용해 종이접기하듯 각을 세워 접으면 휴대폰 거치대로 활용할 수 있는 폰 다이어리.

우산을 쓴 상태에서도 두 손이 자유롭도록 디자인돼 휴대폰을 편리하게 활용할 수 있는 폰브렐라. 올레 멤버십 고객들에게 증정돼 큰 인기를 끌었다.

공간, UI/UX, 사진, 영상 등 전문 분야별 디자인 아카데미를 수시로 운영했다.

이 시기에는 제2기에 성공적으로 구축된 아이덴티티를 활용해 고객을 위한 실용 디자인에 주력했다. 고객이 일상에서 사용하는 일용품을 통신 사용 환경과 유기적으로 결합해, 실생활에 도움이 되는, 세상에 존재한 적이 없는 작품을 선보였다. 일명 '폰 시리즈 디자인 프로젝트'인데 폰 다이어리, 폰 브렐라, 폰 마우스 삼총사는 이렇게 탄생했다.

2014년 폰 시리즈 1탄으로 처음 출시한 '폰 다이어리'는 누구나 스마트폰으로 스케줄 관리를 하고 있지만, 종이 다이어리도 함께 사용한다는 점에 착안했다. 겉표지를 종이접기 하듯 세워 스마트폰을 거치하고 동시에 종이 다이어리를 사용할 수 있도록 디자인했다. 영화도 보고, 음악도 듣고, 강의도 들으면서 쉽고 편하게 메모가 가능한 다이어리를 출시한 것이다. 실용적인 면뿐만 아니라 시각적인 측면에도 신경을 썼는데, 메탈 소재로 표면을 마감하여 마치 고급 클러치백를 들고 있는 듯 세련미가 느껴지도록 했다.

2015년에 출시한 '폰 브렐라'는 Phone과 Umbrella의 합성어로서, 특별히 고안된 C자형 손잡이로 양손을 자유롭게 해, 우산을 들고도 모바일 사용을 편리하게 만든 유니크한 우산이었다. 고객들은 비가 오는 날에는 우산을 쓴 채 한 손으로 모바일 폰을 불편하게 사용해 왔는데, 이런 불편을 해소하기 위해 폰브렐라를 개발했다.

폰 브렐라의 재미있고 혁신적인 디자인은 미국 포춘(Fortune), 영국 BBC 등 전 세계 30개국 200여 개 매체에 소개되었고, 레드닷 디자인 어워드(Red Dot Design Award)에서 2개 부문 'Best of the Best' 수상의 영광을 안기도 했다.

'폰 마우스'는 비상시 휴대폰을 충전할 수 있는 휴대폰 배터리가 내장된 신개념 마우스다. 스포츠카 형상의 작고 슬림한 디자인과 충전용 파워 뱅크 기능이 결합되어 휴대가 용이하고 좁은 공간에서도 편리하게 사용할 수 있도록 개발되었다. 또한 스포츠카가 마치 터널을 지나가는 듯한 형상의 원통형 패키지 디자인으로 고급스러움을 더했다.

KT는 2006년 디자인 경영을 도입한 이후부터 2015년까지 국내 외에서 수많은 상을 수상했다. 2006년 '대한민국 디자인경영대상' 수상을 시작으로 해외 디자인 어워드에서 6년 연속 24개 분야를 수 상했고, 특히 세계 최고 수준의 '레드닷 디자인 어워드'에서 Best of the Best를 3회 수상했다. 2000년대 중반에 시작된 KT의 '디자인 경 영'은 국내 서비스 디자인의 수준을 한 단계 올리고 디자인 경영을 확산시키는 데 영향을 미쳤을 뿐만 아니라 K-디자인의 우수성을 세계에 알리는 데도 기여했다. 특히 공기업의 잔재인 투박함을 벗어 던지고 고객에게 한 발 더 다가설 수 있었던 것이 가장 주목할 만한 성과였다.

8

쇼를 하라, '쇼'

2G 서비스의 경우 PCS 사업자들이 시장에서 큰 성과를 내기 어려운 구조적인 문제가 있었다. 앞에서 언급한 주파수 열위의 문제다. PCS 사업자들은 기존의 이동통신 사업자들이 사용하는 주파수보다 훨씬 높은 대역의 주파수를 배정받아 사용했는데, 주파수 대역이 높을수록 전파의 도달 거리가 짧아서 PCS 사업자들의 네트워크 투자비 부담이 훨씬 더 컸었다.

이러한 본질적인 문제로 말미암아 PCS 사업자들은 2G 서비스를 제공하는 내내 커버리지 문제에 시달려야 했다. 또한 주파수의 특성상 국제 로밍 서비스도 제공하기 어려웠다. 이런 구조적인 문제에서 한시라도 빨리 벗어나기 위해 KTF는 모든 이동통신 사업자들이 같은 대역의 주파수를 사용하는 3G 서비스로의 전환을 서둘렀다.

3G 서비스 상용화를 서두른 결과 KTF는 '영상 통화'를 차별화 포인트로 하는 3G 이동통신 서비스를 2007년 3월 상용화할 수 있었는데, 듣는 전화에서 보는 전화로의 전환을 강조하기 위해 3G 브

랜드를 '쇼(Show)'로 정했다.

보안 실패는 용서할 수 없다

3G 서비스 브랜드 네임으로 여러 대안을 검토했다. 그중에서 '쇼'를 선택하는 데 6개월 정도의 시간이 걸렸다. '쇼'는 브랜드 네임의 대안으로 이른 시기에 거론되었으나, 조금 더 나은 대안을 찾기 위해 여러 대안을 지속적으로 검토하느라 많은 시간이 걸렸다. 결과적으로는 '쇼'보다 나은 대안이 없어서 '쇼'로 결정했지만 지금도 약간의 아쉬움은 있다. '쇼'는 친근하고 누구나 이해하기 쉬운 장점이 있지만 신선함과 강렬함이 없고 말맛이 떨어진다는 단점도 있기 때문이다.

빅 브랜드의 런칭에는 브랜드의 활착에 필요한 후속 작업이 많이 뒤따르기 마련이다. 대리점 등의 간판 교체, 사인물 교체, 새로운 서비스 제공을 위한 전산 개발, 영업 사원/대리점 직원/콜 센터 직원 교육 등이 그런 것들인데, 후속 작업을 수행하는 부서 입장에서는 브랜드 런칭 관련 프로그램 내용이 하루라도 빨리 전달되어야 준비하기가 수월하다. 마케팅부서에 프로그램의 조기 제공을 요구할 수밖에 없는 이유가 여기에 있다.

그런데 '쇼'를 준비하던 당시에는 경쟁사로의 내부 정보 유출 문제가 심각하게 대두되었다. 우리 회사의 움직임을 경쟁사에서 속속들이 알고 있다는 정황이 여러 차례 드러났고, 임원 회의에서 논의된 내용이 두세 시간 지나면 자동적으로 경쟁사 임원의 귀에 들어간다는 말이 나돌곤 했다. 이러한 상황에서 보안에 신경 쓸 수밖에 없었고, 경쟁사가 눈치를 채더라도 경쟁사가 대비할 시간을 최소화하기 위해, 후속 작업 시간의 최소한을 계산하고 이에 맞춰 프로그램 내용이 후속 작업을 담당하는 부서로 전달되도록 했다.

이렇게 빡빡하게 일정을 관리하다 보니 후속 작업을 담당하는 부서의 입장에서는 시간적 압박에 따른 부담이 클 수밖에 없었다. 이러한 사유로 관련 부서에서 불만의 목소리가 나오기 시작했고, 급기야 임원 회의가 마케팅 부서의 성토장이 되기도 했다. 촉박한 일정 때문에 며칠씩 밤샘 작업을 하신 분들이 얼마나 많았을 것인가. 나중에 관련 부서의 임원들께 그럴 수밖에 없었던 상황을 설명하고 사과도 했지만, 지금도 그분들께 끼친 어려움을 떠올리면 죄송한 마음을 갖지 않을 수 없다. 그때만큼 마케터는 욕과 친해져야 하는 직업이구나 하는 생각을 뼛속 깊이 한 적은 없었다.

보안을 지키며 관련 부서에 어려움을 주지 않는 방법은 없을까? 유감스럽게도 아직까지 그 방법을 찾지 못했다. 맥아더(Douglas MacArthur, 1880~1964) 장군은 "작전에 실패한 지휘관은 용서할 수 있어도, 경계에 실패한 지휘관은 용서할 수 없다"는 말을 한 것으로 알려져 있다. 당시 필자로서는 이를 살짝 바꾸어 "마케팅에 실패한 것은 용서할 수 있어도, 보안에 실패한 것은 용서할 수 없다"고 이야기하곤 했다.

즐거움은 '쇼' 브랜드의 핵심 아이덴티티

3G 서비스의 상용화는 음성 중심에서 영상(Video)이라는 새로운 패러다임으로의 전환을 의미했다. 이러한 변화에 맞춰 3G 서비스인 '쇼'를 준비하면서, '쇼를 통해 고객들에게 새로운 즐거움을 제공한다'는 모토를 설정했다. 이는 재미와 즐거움이 '쇼' 브랜드의 핵심 아이덴티티 가운데 하나라는 것을 의미한다. '즐거움'은 광고와 프로모션 등을 통해 고객과 커뮤니케이션하는 과정에서 '쇼'가 일관되게 지향하는 기조가 되었다.

3G 서비스인 '쇼'에는 고유의 새로운 서비스가 크게 3가지 있었다. '영상 통화', 100개국 이상의 '국제 로밍서비스', '유심(USIM) 카드'가 그것인데, KTF에서는 3G 고유의 새로운 서비스 모두가 마치 '쇼'의 전유물인 것으로 각인되도록 고객의 인식을 선점하는 전략을 취했다. 물론 이런 전략을 구사한다고 고객들에게 3G 신규 서비스들이 KTF의 전유물이라는 인식을 심어줄 수는 없지만, 3G 서비스 하면 '쇼'나 KTF를 가정 먼저 떠올릴 개연성을 커지게 할 수는 있다. '영상 통화'의 선점에 많은 공을 기울여 '쇼' 상용화 초기에 '영상 통화'를 소재로 한 광고와 프로모션 등에 많은 자원을 투입한 이유가 여기에 있다.

3G 고유의 서비스 이외에도 KTF만의 서비스, 상품도 열심히 준비해 시장에 하나씩 선보였다. 가령 1위 사업자 대비 보유 자원 면에서의 상대적 열위를 감안해, 타 업종과의 제휴를 통해 고객 혜

묘지에서 춤을 추는 쇼 티저 광고

택을 제공하는 전략을 구사했다. 시장에서 통할 수 있는 제휴 서비스를 개발하기 위해 여기저기 열심히 뛰어다녔는데, 이러한 땀과 노력의 결과로 탄생한 것들이 기본료 2,000원의 추가 부담으로 매달 영화 1편을 볼 수 있는 '쇼 CGV 영화요금 패키지', 최대 2만5천 원 할인 혜택을 받을 수 있는 '쇼 이마트 요금', 1리터 당 최대 600원의 할인 혜택을 받을 수 있는 '주유 할인 요금' 3총사였다. 이 중 '쇼 CGV 영화요금 패키지'가 특히 인기가 많았는데, 영화관 매표소 앞에서 막춤을 추는 TV 광고가 선풍적인 인기몰이를 하며 약 50만 명의 젊은 층의 가입을 유도했고, 인지도가 높지 않았던 광고 모델을

영화관 앞에서 막춤 추는 쇼 광고

일약 스타덤에 오르게 했다.

'쇼 CGV 영화요금 패키지'는 여러 측면에서 기억에 남는 작품이다. 요금 설계 단계에서는 과연 월 2,000원으로 영화관에 지급해야 하는 정산 대금을 감당할 수 있겠는가를 두고 한참 동안 씨름했다. 결론적으로 영화관과의 정산에서 손해가 발생할 수 있으나, 젊은 층 우량 가입자 확보 측면에서 이를 상쇄할 수 있다고 판단했다. 그리고 TV 광고 콘티를 처음 봤을 때 너무도 파격적이고 단순한 시나리오에 콘티대로 광고를 만들면 대박 아니면 쪽박이라는 생각이 들었고, 광고 담당 직원에게 모델의 연기에 따라 광고의 성패가 갈릴 것 같으니 이 점 특별히 유념해달라는 당부를 했다. 다행히 모델의 출중한 막춤 솜씨와 연기력은 광고를 대박나게 했다.

CGV와의 정산 요율 협상 과정에서도 에피소드가 있다. CGV

와 상당히 오랫동안 협상을 진행했는데, 담당 직원 선에서는 결론이 나지 않고 시간만 흘러가서 임원들이 직접 협상을 하기로 했다. 더 이상 시간을 지체하지 않기 위해서 단둘이 만나서 그 자리에서 모든 것을 결정하기로 했다. 처음 만나는 자리였는데 CGV 담당 임원과 초반부터 의기투합해 술잔을 주고받고 하다가 과음을 넘어 통음을 하게 되었다. 다음 날 오전 두 사람 모두 출근도 못 하고 병원에서 링거를 맞는 신세가 되었던 해프닝도 있었다. 물론 협상은 초반에 잘 마무리가 되었다. 그 후로 두 사람은 호형호제하는 사이가 되었고, 이후로는 종종 만나서 소주잔을 기울이곤 했다.

제휴 상품 이외에도 건당 30원에 1,000자의 문자 메시지를 보낼 수 있는 '쇼 천자(千字) 메시지', 자신의 요금을 자신이 설계할 수 있는 '쇼 DIY 요금'과 같은 '쇼'만의 차별화된 프로그램을 지속적으로 선보였고 시장의 반응은 뜨거웠다. 이와 같이 초창기에 '쇼'는 '차별적 가치에 대한 증거(evidence)'를 고객들에게 꾸준하게 제공하는 데 전력을 다했다.

그러나 이렇게 잘 나가던 '쇼'는 급격한 진부화의 내리막길을 걷게 된다. 사실 '쇼'의 진부화는 필자가 마케팅부서에서 타 부서로 자리를 옮길 즈음에 시작된 일이어서 이를 책에 싣는 것이 맞는 일인지 한참을 고민했다. 그러나 '쇼'의 조기 진부화 이슈는 '쇼'의 성공 이상으로 마케팅적으로 의미가 있는 일이라고 판단해 어색함을 무릅쓰고 기술하기로 한다.

2007년 3월에 탄생한 '쇼'는 2007년 내내 과분한 사랑을 받으며 짧은 기간에 시장에 활착하는 듯 보였다. 그러나 "쉽게 단 쇠가 쉽게 식는다"는 옛말이 있듯이 '쇼'의 비상은 그리 오래가지 못했다. 시간이 지나면서 '쇼'가 주도했던 '영상 통화'의 매력도는 급속히 추락했다.

화질 문제가 가장 큰 이슈였지만, 자신의 얼굴을 상대방에게 보여주는 데 따른 거부감은 예상보다 컸다. '영상 통화'는 할아버지와 손자 간의 통화 등 특별한 목적이 아닌 경우를 제외하고는 일반화되지 못했다. 또한 '쇼' 런칭 다음 해인 2008년도에는 눈에 띄는 '쇼'만의 차별적 가치를 제공하는 프로그램도 많지 않았다. '쇼'가 강조했던 '영상 통화'의 가치가 하락하는 상황에서도 2008년에 '영상 통화'를 소재로 하는 광고에 집중했고 '한 살의 쇼', '스무 살의 쇼'와 같이 '영상 통화'를 소재로 한 TV 광고들이 많은 사랑을 받았지만, 더 이상 고객들에게 차별적 가치를 제공해 주지 못하는 '쇼'는 급속도로 진부화되었다. 광고는 큰 인기를 얻고 있는데, 브랜드는 신선함을 잃어가는 이상 현상이 발생했다. '쇼'의 급격한 진부화는 광고의 완성도 이상으로 광고 소재의 선택이 중요하다는 것을 깨닫게 해 주는 대표적인 사례이다.

광고계에는 "좋은 광고는 좋은 광고주가 만든다"라는 유명한 말이 있다. '쇼'의 추락 이후 필자는 이렇게 이야기한다. "좋은 광고는 좋은 광고대행사가 만들고, 좋은 광고 캠페인은 좋은 광고주가 만든다."

'쇼'는 대한민국 광고 대상 3관왕, 광고학회 선정 최고 브랜드상,

광고주협회 선정 최고 모델상 등을 수상하면서 당대 최고의 브랜드로 급부상했다. 하지만 시장에 차별적 가치를 지속적으로 제공하지 못해 상승 속도 이상의 속도로 브랜드 가치가 하락하는 안타까움을 겪었다. 시장과 고객의 냉엄함과 무서움을 느낄 수 있었던 값진 경험이 아닐 수 없다.

9

'쿡'과 '올레' 빅 브랜드 동시 런칭

2009년 6월 KT와 KTF의 합병을 앞두고 필자는 그해 1월 KTF 에서 KT로 먼저 자리를 옮겼다. 합병에 따른 브랜드 통합 작업을 준비하기 위해서였다. 당시 KTF에는 서비스 브랜드가 '쇼'가 하나 있었고 KT에는 'KT', '메가', '네스팟' 등 여러 개의 유선통신 서비스 브랜드가 있었다.

KT와 KTF가 보유하고 있는 여러 개의 유무선 서비스 브랜드를 정리하기 위해 2단계 통합 전략을 세웠다. 우선 모(母) 브랜드인 'X'를 두고 그 아래에 이동통신 서비스 브랜드인 '쇼'와 유선통신 통합 브랜드인 'Y'가 위치하고 있다가, 모 브랜드인 'X'가 어느 정도 정착이 된 후에는 '쇼'와 'Y'를 버리고 서비스 브랜드를 모두 모 브랜드인 'X'로 통합하는 과정을 밟겠다는 것이었다. 즉, 최종적으로 'X'를 '쇼'와 'Y'를 통합하는 엄브렐라(Umbrella) 브랜드로 등극시키 겠다는 계획이었다. 이러한 야심 찬 계획을 세우고 얼마 후에 'Y'는 '쿡(Qook)'으로, 엄브렐라 브랜드가 될 'X'는 '올레(Olleh)'로 결정되 었는데, 자세한 이야기는 바로 뒤에서 하겠다.

2009년 1월 KTF에서 KT로 자리를 옮긴 필자로서 그해 6월 1일로 정해져 있는 KT와 KTF의 합병 기일이 큰 압박이었다. 이는 서비스 브랜드 통합을 위해 6개월 이내에 2개의 빅 브랜드를 성공적으로 런칭시켜야 하는 것을 의미하는데, 마케팅 역사상 사례를 찾아보기 어려운 경우였다.

이러한 상황에서 모든 일은 일사천리로 진행되었다. 아니 물리적 시간을 맞추기 위해서는 일사천리로 진행할 수밖에 없었다. '쇼'의 경우 네이밍에만 6개월이 소요되었지만, '쿡'과 '올레'는 6개월 안에 준비를 마치고 순차적으로 브랜드를 런칭하는 미증유의 길을 걸어야만 했다. 이렇게 극도의 시간적 제한을 받으며 준비한 '쿡'은 2009년 4월에, '올레'는 그해 7월에 세상에 선을 보였다. '쿡'과 '올레'는 브랜드로서의 성공 여부를 떠나 두 개의 빅 브랜드를 3개월 간격으로 런칭했던, 브랜딩 역사상 가장 무모한 시도로 기억될 것이다.

집에서 쿡해, '쿡'의 탄생

기상천외한 '쿡'의 등장

2009년 3월 20일 포털 사이트 '다음'의 항공 사진 서비스인 스카이 뷰에 정체불명의 사진 한 장이 올라왔다. '쿡'이 세상에 첫선을 보인 순간이었다.

네티즌들은 대형 건물 옥상에 걸려 있는 이 거대한 현수막의 정

여러 가지 추측을 불러일으켰던 쿡 항공 사진

체에 대해 요란하게 갑론을박했다. "요리 잡지의 창간 광고다", "비행기 승객을 대상으로 하는 이색 광고다", "이색 프로포즈용 이벤트 상품이다", "외계인에게 보내는 메시지다" 등의 다양한 반응을 보이며 한 장의 항공 사진에 관심이 집중되었고 이 사진은 520만 뷰를 기록했다. 이렇게 KT의 통합 유선 브랜드인 '쿡'은 항공 사진을 통해 자신의 등장을 세상에 알렸다.

준비 과정 및 캠페인 진행

유선 브랜드 통합 작업을 하면서 초반에 몇 가지 원칙을 세웠다. 첫째, 통합 유선 브랜드의 네임은 '쇼'와 동일하게 한 음절이어

가장 낮은 마케팅 이야기

야 하고, 유선 서비스 사용 환경을 고려해 '집'과 밀접한 연관성을 가져야 한다. 둘째, 광고에서는 '집'과의 연관성을 극대화한다. 셋째, 제대로 된 통합 마케팅 커뮤니케이션(IMC, Integrated Marketing Communication)을 시도하는데, 당시 3만6천 명에 달하는 KT 직원들을 IMC의 중요한 자원으로 활용한다. 일명 'KT의 힘' 프로젝트였다.

이러한 원칙에 입각해 통합 유선 브랜드 네임 후보 수십여 개를 검토했고 최종적으로 'Cook'을 선정했다. 다만 Cook이 가지고 있는 평범함을 뒤집고 새로움을 주기 위해 'C'를 살짝 비틀어 'Qook'으로 변형했다.

통합 유선 브랜드 네임을 '쿡(Qook)'으로 정한 후, 티저 광고에서는 '쿡'과 '집'의 연관성을 강조하고 고객에게 임팩트를 주기 위해 "집 나가면 개고생이다"라는 다소 거친 카피를 사용했다. 이때 '개고생'이라는 단어가 가지고 있는 비하적인 뉘앙스 때문에 반대의 목소리도 많았다. 필자와 친분이 있는 광고계의 유명 인사 한 분은 장기적으로 브랜드에 끼칠 부정적인 영향에 대해 우려의 말씀을 전해 주시기도 했다.

다행스럽게도 티저 광고는 약간의 부정적인 반응도 있었지만, 고객들의 눈길을 끄는 데 대단히 성공적이었다. 다만 이를 지속할 경우 장기적으로 브랜드에 부정적 영향을 미칠 수 있다는 점을 고려해 "집 나가면 개고생이다"라는 카피를 2주 정도 사용하다가 바로 "집에서 쿡해"로 바꿨다. 강렬한 카피를 짧게 치고 빠지는 전략이었다.

제대로 된 IMC를 하기 위한 4가지 요소는 광고, MPR(Marketing Public Relations), 온라인 바이럴(On Line Viral), KT 직원이었다. 광고 또는 온라인 바이럴을 통해 만들어진 이슈를 MPR에 적극 활용하고, 동시에 당시 3만6천 명에 달하는 KT 직원들 개개인이 광고판 역할을 하며, 이런 과정에서 발생하는 이슈 및 현상을 다시 MPR과 온라인 바이럴을 통해 세상에 알리는, IMC 요소들 간의 상호 작용을 극대화하였다. 즉 쿡 항공 사진이 온라인 바이럴을 통해 세상에 알려지고, 사진 속 현수막의 정체에 대한 각양각색의 견해들을 소개하는 기사들이 쏟아지는 한편, 전국 3만6천 명 KT 직원들의 집에 "집에서 Qook ㅋㅋ"라는 빨간색 현수막이 일제히 걸리자 다시 이를 기사화하고 바이럴로 온라인에 퍼지는 상황이 전개되었다.

또한 고객들에게 '쿡'을 알리는 아이디어를 공모해 접수된 14,000건의 아이디어 중에 최우수상을 받은 아이디어를 KT 직원들이 직접 실행하기도 했는데, 바로 "쿡, 쇼 비치 슬리퍼"였다. 신발 밑창에 Qook과 Show를 새긴 물놀이용 슬리퍼를 만들어 여름휴가 직전에 KT 전 직원에게 나눠주고 해수욕장 모래사장에 Qook과 Show가 새겨지도록 했다. 이 또한 기사화가 많이 되었고 해수욕장 모래사장에서 '쿡'과 '쇼' 로고가 새겨진 발자국을 발견하고 이를 사진 찍어 기발하다 또는 재미있다는 의견과 함께 본인의 소셜 미디어에 올리는 고객들의 자발적인 바이럴도 이어졌다.

한편 '쿡' 런칭 광고 중 생후 5일 된 아기가 주인공으로 나오는

모래사장에 새겨진 쇼 로고 사진

'쿡 발도장' 편은 모델의 오묘한 얼굴 표정으로 상당한 인기를 끌었다. (지금도 포털 검색창에서 '쿡 발도장 광고'로 검색하면 바로 광고 동영상을 찾을 수 있다.) 이 아기 모델은 2009년 한국PR포럼 협회가 주최한 광고 시상식에서 '올해의 광고 모델상'을 수상하는 영예를 안았다. 이때도 생후 5일 된 아기가 모델상을 받은 것이 기사화되어 화제가 되었는데, 여기서 더해 이 아기 모델을 최연소 모델상 수상 기록자로 기네스에 등재해 다시 한번 세상의 이목을 끌었다.

'쿡'의 등장을 세상에 알린 항공 사진 아이디어는 아르바이트를 하다가 정규 사원으로 발탁된 독특한 이력을 가진 직원으로부터 나왔다. 이 직원의 범상치 않은 스토리 역시 "개고생하며 아르바이트하다가 쿡의 주역이 되었다"라는 줄거리로 기사화되기도 했다. 이와 같이 '쿡'을 런칭하면서 '쿡'을 세상에 알릴 수 있는 모든 방법을 동원해 집요하게 '쿡'을 알렸다.

앞에서 짧게 언급한 '쿡 현수막'에 대해서는 조금 더 이야기할 필요가 있다. 이는 당시 3만6천 명에 달하는 KT 직원을 새롭게 런칭하는 브랜드의 홍보 요원으로 적극 활용하자는 'KT의 힘' 프로젝트의 첫 번째 아이템으로, 이를 기획했을 때 여러 가지 반대의 목소리가 많았다. "아이디어가 너무 일차원적이고 유치하다", "직원들의 협조를 구하기가 쉽지 않을 것이다" 등의 부정적인 의견들이 많았다. 그러나 좌면우고할 겨를이 없어서 원래의 계획대로 진행을 했다. 처음 며칠 동안에는 직원들이 움직이는 것 같지 않아서 노심초사하고 있었는데, 2009년 3월 30일 당시 CEO께서 자택 아파트 베란다에 반듯하게 게양한 '쿡 현수막' 사진이 유력 일간지에 기사화되었고, 그 이후부터 직원들이 적극적으로 '쿡 현수막'을 자택 베란다에 걸기 시작했다. 그때 필자의 사무실이 분당 KT 사옥 20층에 있었고, 그 사무실에서는 일대의 아파트 단지가 훤히 내려다보였는데, 4월이 되자 그동안 보이지 않던 '쿡 현수막'이 분당 아파트 여기저기에 하나둘씩 걸리기 시작했다. 이때 필자는 이러한 변화를 매일 직접 눈으로 확인하며 '쿡'의 성공에 대한 자신감과 확신을 갖게 되었다.

3만6천 개의 현수막의 효과는 기대 이상이었다. 전국 방방곡곡에 내걸린 붉은 현수막은 대다수 고객의 눈에 띄었고, 현수막 문구

CEO 자택에 걸린 '쿡' 현수막에 관한 기사에 실린 사진

에 대한 궁금증을 유발하기에 충분했다. 1차원적인 아이디어였지만 그 효과만은 상당해 '쿡'의 존재를 세상에 알리는 역할을 톡톡히 해 냈다. 책의 지면을 통해 본인께서 최종 결정하신 브랜드의 활착을 위해 솔선수범의 리더십을 보여주신 이석채 전 회장님께 심심한 감 사의 말씀을 드리는 바이다.

심지어 '쿡'은 세계 최초로 브랜드와 국가 간의 제휴라는 흥미 로운 프로그램도 선보였다. 발음이 동일한, 남태평양에 위치한 쿡 아일랜드(Cook Islands)와 손을 잡은 것이었다. 쿡 아일랜드의 부총 리는 직접 방한해 KT CEO와 상호 협력과 지원에 관한 양해각서 (MOU)를 체결했다. 쿡 아일랜드는 양해각서를 체결한 2009년 9월 3일을 'Qook Day'로 공식 선포하고, 쿡 아일랜드의 공중파 방송인 '쿡 아일랜드 TV'를 통해 'Qook Day'와 한국을 소개하는 특별 프로그램을 방영하기도 했다.

이에 KT는 전 국민을 대상으로 '쿡가대표'를 선발해, 선발된 '쿡가대표'가 쿡 아일랜드에 1년간 체류할 수 있도록 숙소와 체류 비용을 제공하는 프로모션을 진행했다. 관광 국가인 쿡 아일랜드 입장에서는 자신의 나라를 한국에 알릴 수 있는 좋은 기회를 잡았고, KT는 크지 않은 비용으로 '세계 최초 브랜드와 국가 간의 제휴'라는 이색적인 마케팅 프로그램을 진행할 수 있어서, 서로에게 윈-윈이 되었다.

짧은 준비 기간에 '개고생'을 하면서 런칭한 쿡의 성공 요인을 한마디로 말한다면 IMC의 집요한 추구였다. 고객의 관심을 끌 만한 요소가 있으면 이슈화하고, 이를 다시 다른 윈도우를 통해 노출한 후 이에 대한 고객들의 반응을 또 다른 윈도우를 통해 노출하는 등의 윈도우 간 지속적인 순환을 집요하게 추구했다. 이상과 같이 새로운 방식으로 등장해 여러 윈도우를 유기적으로 연결하며 세간의 이목을 집중시킨 '쿡'은 '쇼'와 함께 '올레'로 통합되기 전까지 세상에 제대로 된 IMC가 무엇인지를 보여주며 자신의 역할을 충실하게 수행했다.

최고의 감탄사 '올레(Olleh)'

KT와 KTF의 합병에 발맞추어 진행된 1단계 브랜드 통합 작업의 대미는 모(母) 브랜드인 '올레'가 장식했다. 유선통신 통합 브랜드 '쿡'을 런칭하고 열흘 정도가 지난 2009년 4월 중순 필자의 사무실은 다시 새로운 브랜드(모 브랜드) 잉태의 현장이 되었다.

모 브랜드를 기획하면서 기본적으로 가지고 있던 컨셉은 '역발상'이었다. 공기업으로 출발한 KT는 '전통'과 '신뢰'의 이미지는 가지고 있었지만 '혁신'과 '젊음'에 관련된 이미지가 부족했다. 이러한 문제점은 최첨단을 지향하는 통신사업자인 KT에게 커다란 장애물로 작용하고 있었다. 이를 최대한 빠르게 해결하기 위해 '역발상' 컨셉을 모 브랜드의 출발점으로 삼았다.

이러한 배경하에 모 브랜드의 네임으로 'Olleh'가 선택되었다. 'Olleh'는 'Hello'의 스펠링을 역순으로 배열한 단어인데, '올레'는 스페인의 투우 경기에 나오는 감탄사와 발음이 동일하고, "올레~올레~"하는 월드컵 응원가를 통해 우리나라 국민 모두의 귀에 익숙했었기 때문에 'Olleh'는 별다른 이견 없이 곧바로 모 브랜드의 네임으로 채택되었다.

브랜드를 넘어 경영 방향으로

모 브랜드인 '올레' 런칭 작업을 진행하던 그 시기에, 제주도에서는 '올레길'이 전국적인 걷기 열풍을 주도하며 막 부상하고 있었다. '올레길'의 올레는 집과 큰길을 이어주는 좁은 골목길을 뜻하는 제주도 방언이다. 제주의 '올레길'을 염두에 두고 모 브랜드의 작명을 한 것은 아니었지만 한글 표기가 동일한 인연을 뜻깊게 생각해 KT는 (사)제주올레의 친구 기업을 신청했고 이것이 받아들여져 '올레길'을 찾는 분들에게 편익을 제공하는 사업을 (사)제주올레와 공동으로 추진하게 되었다.

이렇듯 '올레'는 나와 세상을 이어주는 길 또는 사람과 사람을 이어주는 길이라는 뜻으로 해석할 수 있었고, 한자인 '未來'의 '올래(來)' 자와 발음이 거의 비슷해 미래를 의미한다는, 애교 있는 견강부회도 가능했다. '올레'에 이처럼 좋은 뜻이 많았기에 브랜드 네임으로만 활용하기에는 다소 안타까움이 있었다. 이에 필자는 KT-KTF의 통합과 새로운 브랜드의 런칭에 발맞추어 새로운 경영 방향인 '올레 경영'을 선포하자는 제안을 했는데, 이 제안이 받아들여져 KT-KTF 합병 1달 후인 2009년 7월 9일 모 브랜드인 '올레'를 알리는 광고의 개시와 더불어 '올레 경영'을 선포했다. 이날 선포된 '올레 경영'의 굵은 뼈대는 다음과 같다.

올레 경영의 지향점
KT는 고객을 위해 생각을 뒤집어 보는 회사(역발상 경영)
KT는 고객의 꿈을 실현하는 회사(미래 경영)
KT는 고객의 마음을 읽는 회사(소통 경영)
KT는 고객이 환호하는 회사(고객 감동 경영)

5대 경영 방향	
주주	Outstanding Performance (기업가치 극대화)
국가	Leading IT (IT 산업 리딩)
임직원	Liberal Culture (자유로운 소통 문화)
사회	Esteemed Company (사회적으로 존경 받는 기업)
고객	Happy Customer (고객에게 즐거움을 드리는 기업)

'올레'는 브랜드를 넘어 기업의 경영 방향을 제시하는 흔하지 않

은 사례를 남기며 세상에 그 모습을 드러냈다.

Wow vs. Olleh

'올레'를 알리기 위한 광고를 준비하면서 여러 가지 새로운 시도를 감행했다. '올레'를 기존의 감탄사를 뛰어넘는 최고의 감탄사로 만들기 위해 'Wow vs. Olleh' 구도를 만들었고, 고객들의 주목도를 높이고 새로운 느낌의 이색적인 애니메이션 광고를 만들기 위해 외국인 일러스트레이터를 물색했다. 마침내 '마이클 밀러(Michael Miller)'라는 세계적인 일러스트레이터를 섭외해 한국으로 초청해 국내에서 작업을 진행했다. 광고를 보면서 짜릿함을 느낄 수 있도록 모든 런칭 광고에는 반전 포인트가 있게끔 기획했다.

이국적인 느낌의 애니메이션과 반전을 통한, Wow를 뛰어넘는 Olleh 상황의 전개와 귀에 익은 흥겨운 BGM 등이 유기적으로 결합해 '올레' 런칭 광고는 '쿡'에 이어 연타석 홈런을 날렸다.

런칭 광고 중 가장 주목을 받은 광고는 '여름 캠프' 편이다. 자녀가 여름 캠프로 떠나자마자 둘만 남은 남편과 아내는 동시에 "Wow"를 외친다. 장면이 바뀌어 자녀와 부인이 함께 여름 캠프로 떠나는 순간 남편은 눈물을 보이는가 싶더니 바로 "Olleh" 하며 환호성을 지른다.

런칭 광고가 인기를 얻으면서, 골프장에서는 '굿 샷' 대신 '올레'를 외치고 술자리에서도 '올레'가 건배 구호가 되었다. 이렇게 '올레'가 세간의 뜨거운 관심을 모으자, 주마가편(走馬加鞭)을 위해 새

올레 TV 광고 여름 캠프편

로운 프로젝트를 진행했는데, 바로 'KT의 힘' 시리즈를 이어가는 전 직원 올레 티셔츠 착용 프로모션이었다.

애니메이션 광고 장면을 하얀색 티셔츠에 인쇄해 KT 전 직원에게 나눠주고 매주 금요일 모든 직원이 이 티셔츠를 입고 출근하는 행사였다. 필자도 금요일에는 하루종일 올레 티셔츠를 입었으며, 당

가장 낮은 마케팅 이야기

시 CEO께서는 가장 열심히 참여하는 적극성을 보여주셨다. 점심시간에 KT 직원들이 올레 티셔츠를 입고 삼삼오오 식당으로 걸어가는 장면을 보고 행인들이 신기하고 재미있다는 표정으로 바라보는 광경은 아직도 잊을 수 없다. 이 흥미로운 이벤트에 유명 연예인들도 동참해 올레 티셔츠를 입고 셀카로 찍은 모습을 자신의 소셜 미디어에 올리기도 했다.

새로운 서체, '올레체'의 탄생

'올레'의 런칭을 이야기하면서 빼놓을 수 없는 것이 '올레체'이다. 새로운 브랜드인 '올레' 런칭과 더불어 KT 브랜드 마크도 새로운 것으로 변경했는데, 새로운 브랜드 마크는 투우사 깃발의 펄럭임을 모티프로 디자인했다.

새로운 브랜드 마크를 만들고 보니 약간의 욕심이 생겼다. 브랜드 마크와 연관해 역동성과 혁신의 정신을 담은 깃발의 펄럭임을 모티프로 하는 글씨체(서체)의 윤곽이 머리에 그려졌기 때문이다. KT 전용 글씨체를 개발해 앞서가는 회사의 이미지를 만들어 보는 것도 의미가 있을 것이라는 생각이 들었고 이를 바로 실행했다. 새로운 KT 브랜드 마크를 만들면서 얻은 자신감으로 용감하게 기업 전용 글씨체 개발에 착수한 것이었다.

그러나 이렇게 자신감에서 시작한 프로젝트가 성급한 결정이었다는 것을 깨닫는 데에는 그리 오랜 시간이 걸리지 않았다. 알파벳 글씨체의 개발과 달리 한글 글씨체는 약 만 천자에 이르는 한글

올레 런칭 이전(좌)과 현재의 KT 브랜드 마크

글자 하나하나를 모두 디자인해야 하기 때문에 한글 글씨체 개발에는 예상을 뛰어넘는 상당한 시간과 비용이 소요되었다. '올레체'의 첫 버전은 2009년에 선을 보였지만, 그 후 4~5년의 지속적인 개선 작업을 통해 완결 버전은 2014년에 발표되었다.

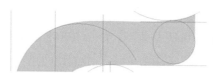

올레체

　　　　　　　　　　　　가장 낮은 마케팅 이야기

‘올레체’ 개발에 예상보다 많은 시간이 소요되었지만, 중간중간에 달콤한 보상도 있었다. 2011년 11월 세계 3대 디자인 어워드 중 하나인 ‘iF커뮤니케이션 디자인 어워드 2012’의 타이포그래피 부문 수상작으로 선정되었고, 그해 2월에는 한국타이포그라피 학회에서 발표한 국민이 가장 사용해보고 싶은 서체 1위에 선정되었다. 특히 기업이미지를 가장 독창적으로 표현한 서체 분야에서 응답자 59.1%의 선택을 받아 1위에 올랐다. 지금도 글의 제목에 쓰이는 글씨체로는 ‘올레체’가 최상급이라는 자부심을 가지고 있다.

10

'아이폰 = KT'를 위해 영화를 만들다

2009년 11월 28일은 아이폰이 KT를 통해 대한민국에 첫선을 보인 역사적인 날이었다. 그 당시 KT에서만 개통할 수 있는 아이폰을 손에 넣기 위해 개통 행사장에서 하루를 꼬박 기다린 고객들이 있었고 개통 행사 시작 직전에는 대기 줄이 1킬로미터에 달하는 진풍경이 벌어지기도 했다.

아이폰 도입에는 앞에서 '역사적'이라는 표현을 썼을 만큼 우여곡절이 많았다. 아슬아슬했던 애플과의 협상, 경쟁자의 방해, 국내 단말기 제조업체들의 반발, 규제기관의 고민 등이 섞여서 KT의 아이폰 도입은 높은 산을 몇 차례 넘느라 예정보다 3~4개월 늦게 성사되었는데, 당시 CEO의 혜안과 뚝심이 빚은 찬란한 작품이었다.

천신만고 끝에 국내에서 선보이기 시작한 아이폰의 시장 파괴력은 기대 이상이었다. 아이폰은 국내에 선보인 지 100일 만에 40만 대가 팔리며 국내 핸드셋 시장을 흔들어 놓았고, 젊은 세대와 전문직들 중심으로 팬덤이 형성되기 시작했으며, KT의 올드한 이미지를 젊고 창의적인 이미지로 바꾸어놓는 데 커다란 기여를 했다.

가장 낮은 마케팅 이야기

이렇게 아이폰이 국내 이동통신에 큰 영향을 미치자 2010년 6월 부터 경쟁사에서도 아이폰 도입을 검토하겠다는 이야기가 기사화되기 시작했다. 그간 경쟁사에서는 아이폰 없이도 얼마든지 경쟁에서 승리할 수 있다는 입장을 표명해 왔지만, 고객들의 요구에 입장을 바꿀 수밖에 없었고 2011년 3월에 아이폰을 개통하기 시작했다.

경쟁사에서 아이폰 도입을 검토한다는 소식이 들리자 필자의 사무실에서는 아이폰에 대한 이니셔티브를 이어갈 수 있는 방안이 논의되기 시작했다. 그중 하나가 KT와 친숙한 영화를 통해 '아이폰 = KT'를 만들자는 아이디어였다.

누구나 알 만한 거장 감독에게 의뢰해 100% 아이폰으로 촬영한 단편 영화를 제작한 다음 이를 극장에서 개봉하고, KT의 올레TV에 올려서 올레TV 고객들에게 무료로 시청할 수 있게 한다는 아이디어였다. 나아가 이를 CD로 만들어 우수 고객과 영화 관련 셀럽 등에게 증정하는 등의 이슈 마케팅 제안이었는데, 회의에 참석한 모든 사람의 동의를 얻어 곧바로 실행에 들어갔다.

일차적으로 감독 선정에 들어갔다. 국내뿐만 아니라 해외에서도 지명도가 높은 박찬욱 감독이 친동생인 박찬경 감독과 함께 메가폰을 잡기로 했고 〈파란만장〉이라는 제목의 시나리오도 직접 써주셨다. 박찬욱이라는 거장이 감독을 맡게 되자 영화 제작은 비교적 순탄하게 진행되었다. 2011년 10월경 〈파란만장〉의 시나리오가 완성되었고, 촬영은 11월 중순에 약 열흘간 진행했다. 박찬욱 감독은 아이폰4로 촬영한 영상의 화질이 기대 이상으로 뛰어나다며 놀라움을

영화 〈파란만장〉 포스터

표하기도 했다.

영화 촬영 시 보통 카메라를 한두 대 사용하는데, 스마트폰은 5
대 이상을 사용할 수 있어 다양한 화면을 얻을 수 있고, 쉽게 근접
촬영을 할 수가 있어서 배우의 감정이 잘 표현될 수 있다는 장점이
있었다.

거장 감독이 직접 시나리오를 쓰면서 정성껏 만든 〈파란만장〉
(러닝 타임 33분)은 100% 아이폰으로 촬영해 극장에서 개봉(2011년 1
월 27일)한 세계 최초의 영화로 기록되면서 화제가 되었다. 〈파란만
장〉의 위용은 여기에서 그치지 않고 2011년 제61회 베를린 국제영
화제에서 단편 영화 부문 황금곰상(최우수작품상)을 수상하는 쾌거

를 거두며 대한민국 영화계를 흔들어 놓았다.

세계 최초라는 타이틀과 황금곰상을 동시에 거머쥔 〈파란만장〉 프로젝트로 KT의 영화 마케팅은 영화 제작의 대중화를 앞당기는 데에도 커다란 기여를 했다.

〈파란만장〉 프로젝트는 기존 광고 형태로 아이폰의 혁신성을 표현하기 힘들다는 판단하에 100% 아이폰으로 촬영한 영화를 선보임으로써 아이폰이 영화를 찍을 정도로 뛰어난 성능을 가지고 있다는 점을 효과적으로 어필했다. 아울러 경쟁사의 아이폰 출시 전에 KT가 아이폰의 오리지널리티originality를 가지고 있다는 것을 만방에 알리는 데 큰 역할을 했다.

11

가장 늦게 나타나 '빠름 빠름'을 외친 'LTE WARP'

KT는 4세대 이동통신 서비스인 LTE(Long Term Evolution)를 경쟁사들보다 6개월 늦게 상용화했다.

필자는 버퍼링 없이 동영상을 깔끔하게 볼 수 있다는 LTE의 장점이 3G 대비 상당한 차별적 포인트로 작용할 것이라는 생각에 LTE의 조기 상용화를 주장했다. 그러나 주파수 확보 문제와 이동 통신 서비스의 세대 간 차이를 토대로 하는 경쟁은 점점 의미가 없어진다는 주장을 내세운 LTE 조기 상용화 반대파의 목소리가 훨씬 커서, LTE 조기 상용화에 박자를 맞추지 못했다. 그러나 유감스럽게도 불길한 예감은 적중했다.

경쟁사들의 LTE 서비스가 시작되고 두어 달이 지나자 고객들의 손길이 경쟁사의 LTE로 쏠리기 시작했고, 가입 시장에서 KT는 고전을 면치 못했다. 이러한 상황이 벌어지자 KT 내부에서 이제라도 빨리 LTE 서비스를 시작해야 한다는 목소리가 본격적으로 나오기 시작했다.

시장의 판도가 변하는 상황을 지켜보고서야 LTE 조기 상용화 반대파들도 이대로 가다가는 큰일이 나겠다고 생각하기 시작했다. 이때부터 KT도 본격적으로 LTE 상용화 준비를 시작했고, 2012년 1월 3일 이동통신사 가운데 가장 늦게 LTE 서비스를 상용화했다. LTE 시장에 후발로 뛰어들자, 필자에게는 이미 경쟁사들이 선점한 고객의 인식 속을 비집고 들어가 KT만의 차별점을 각인시켜야 하는 어려운 숙제가 기다리고 있었다.

KT LTE의 차별점 찾기를 시작할 때 기술 담당 부서에서는 KT LTE가 세계 최초의 클라우드와 소프트웨어 기반의 서비스라는 점을 차별화 포인트로 활용해야 한다고 주장했다. 그러나 이는 고객의 언어가 아니었다. 대다수의 고객은 클라우드와 소프트웨어 기반이 무엇인지를 모를 뿐더러 안다고 하더라도 그것이 나한테 주는 혜택이 무엇인지에만 관심이 있기 때문이다.

남들보다 늦게 진입한 시장에서 KT LTE만의 차별점 찾기는 한동안 답보 상태였다. 한동안 고민 끝에 기본부터 다시 점검하는 것에서 길을 찾을 수 있다는 생각에 이르러 마케팅의 시작인 '고객들의 생각'부터 다시 들여다보기 시작했다. 이윽고 고객들의 LTE에 대한 인식 조사 보고서를 찬찬히 읽어 내려가면서 해결의 단초를 찾을 수 있었다.

고객 인식 조사 보고서에 의하면, 고객들이 LTE 가입 시 가장 중요하게 생각하는 요소(KBF, Key Buying Factor)는 바로 '속도'였다. 물론 경쟁사들도 '속도'에 대해 이미 대고객 커뮤니케이션을 했지만, 전선(戰線)을 '속도'로만 극도로 한정하고 주야장천(晝夜長川)

'속도'만을 외치면 승산이 있을 수 있겠다는 생각이 들었다. 이는 KT LTE만의 독특한 차별점을 고객에게 알리겠다는 전략에서, 고객들이 가장 중요하게 생각하는 속성을 KT LTE만의 독특한 차별점으로 만들겠다는 전략으로의 전환을 의미한다.

물론 이러한 생각에 대해 무모하다는 우려의 목소리가 있었다. 하지만 시간은 경쟁사들의 편이고 다른 뾰족한 대안을 찾을 수가 없는 상황이었다. 전선을 최대한 좁히고 그곳에 화력을 집중하는 것만이 후발 주자가 전쟁에서 이길 수 있는 유일한 길이라는 믿음으로 좌면우고하지 않고 직진했다.

KT LTE가 강조하는 '속도'가 선발 경쟁사들을 제치고 고객 인식 속에 안착하기 위해서는 참신한 장치들이 필요했다. 첫 번째 장치는 경쟁사들이 시도하지 않았던 LTE 서비스 브랜딩이었다. 경쟁사들은 별도의 브랜딩 없이 LTE 또는 4G LTE라고 표시했지만, KT는 '속도'를 강조하기 위해 빠른 속도를 연상할 수 있는 브랜드 네임을 열심히 찾았다. 그 결과 'LTE WARP'를 KT LTE 서비스의 브랜드 네임으로 결정했다. WARP는 1960년대에 미국 NBC 방송국에서 제작한 인기 SF 드라마인 〈스타트렉Star Trek〉에 나오는 용어로 '휘다', '휘게 만들다'라는 뜻을 가진 단어다. 시공간을 초월해 빛의 속도로 목표 지점까지 최단 거리로 빠르게 이동하는 것을 의미한다.

'KT LTE = 빠른 속도'를 효과적으로 알리기 위한 두 번째 장치는 'FAST vs. WARP'의 구도를 가진 광고를 제작해 방송에 띄우는

다스베이더가 출연한 LTE WARP TV 광고

일이었다. '올레' 브랜드 런칭 때 'Wow vs. Olleh' 구도의 광고와 동일한 포맷이다.

빛의 속도에 비견될 만큼 빠른 이동통신 서비스를 의미하는 KT의 'LTE WARP'는 영화 〈스타워즈Star Wars〉에 나오는 다스베이더 군단이 인천 공항에 출현함으로써 그 탄생을 알렸다. 그 후 다스베이더 군단은 서울 도심 곳곳을 행진하며 고객의 이목을 끌었다.

다스베이더 군단의 행진과 동시에 고객들의 눈길을 사로잡는 다스베이더 광고가 방송을 탔다. 다스베이더가 출연한 TV 광고는 이전에 KT 광고가 받았던 만큼의 사랑을 받지는 못했지만, 다스베이더와 그의 부하들이 내뿜는 압도적인 비주얼은 'LTE WARP'의 시작을 세상에 알리는 데 상당한 역할을 했다.

그때 SF에 관심이 많은 고객으로부터 〈스타워즈〉는 'WARP'와 관계가 없는데 왜 〈스타워즈〉를 'WARP'에 억지로 갖다 붙이냐는 항의를 받기도 했고 KT의 무지함을 지적받기도 했다. 고객들의 이러한 지적은 옳았지만, 사실 그러한 내용은 광고 제작 이전에 논의되었다.

'WARP'라는 용어가 등장하는 SF 드라마 〈스타트렉〉에 대한 국내 인지도가 크게 높지 않았고, 〈스타트렉〉에서는 비주얼 임팩트를 크게 줄 수 있는 부분을 찾기가 어려워서 대신 〈스타워즈〉를 'WARP'의 파트너로 설정한 것이다. 또한 광고를 보는 대다수의 시청자는 〈스타워즈〉와 'WARP'가 관계가 없다는 사실을 모를 것이며, 설령 안다고 하더라도 크게 신경 쓰지 않을 것이라는 판단하에 다스베이더 군단을 LTE WARP의 홍보대사로 위촉했다.

'FAST vs. WARP'의 구도를 가진 LTE WARP 광고는 다스베이더 군단이 LTE WARP의 시작을 알리고 무대에서 내려간 후에 시작하였는데, '올레' 런칭 광고와 동일하게 애니메이션으로 제작되었다. 이 애니메이션 광고는 올레 초기 광고와 동일하게 광고 초반부에 FAST에 해당하는 상황을 보여주고, 그다음에 FAST보다 더 빠른 WARP에 해당하는 상황을 보여주는 형식으로 만들었다.

군 복무 중인 남자에게 여자 친구가 면회를 오면 여자 친구를 만나기 위해 달려 나오고(FAST), 걸 그룹이 위문 공연을 오면 군인들이 날아오는(WARP) 상황이 벌어진다. (광고대행사에서 준비한 오리지널 콘티에는 엄마가 면회를 오면 FAST, 여자 친구가 면회를 오면 WARP

LTE WARP 택배편 TV 광고

로 되어 있었으나 콘티 설명 회의에서 '여자 친구 대 걸 그룹'의 구도로 바꾸면 임팩트가 더 커질 것 같다는 의견이 있어서 그 자리에서 콘티를 수정했다.) 또 가장(家長)이 집에 들어오면서 "아빠 왔다"고 말하면 강아지 한 마리가 달려 나오고(FAST), 택배가 왔다고 하면 온 가족이 날아오는(WARP) 장면이 연출된다. 이 광고는 당시 최고의 인기를 누리던 가수 버스커버스커가 로고 송을 부르고 목소리 연기를 했으며, 직접 개성 넘치는 애니메이션을 그려서 화제가 되기도 했다.

LTE WARP 애니메이션 광고와 관련해서 로고 송을 빼놓을 수 없는데, '빠름 빠름'으로 시작되는 이 로고 송은 단순하고 중독성 높은 멜로디와 가수의 독특한 음색이 절묘하게 결합되어 많은 사람이 자연스럽게 따라 부르곤 했었다.

후발 주자로서 LTE WARP 애니메이션 광고의 주목도를 높이기 위한 여러 가지 시도에 대해서 고객들의 반응은 기대 이상이었다. LTE WARP 애니메이션 광고 시리즈는 두 달 연속 소비자들이 가장 좋아하는 광고로 선정되었고, 로고 송은 휴대폰 벨소리로 출시되어 다운로드 순위에서 1위에 오르기도 했다. '속도'로 전선을 국한하고 모든 자원을 집중해 승부를 보자는 전략도 상당한 성공을 거둔 셈이었다. 애니메이션 광고가 방송된 이후 KT는 'LTE 속도 부문 TOM(Top Of Mind) 1위(46.9%)'를 기록했다.

필자는 20년 정도 마케팅 전장(戰場)을 누볐고 수많은 전투에서 희비가 교차하는 경험을 했다. 그 가운데 LTE WARP 캠페인의 성공에 대해서는 각별한 자부심을 느낀다. 뒤늦은 상용화로 꼴지의 나락으로 떨어져 갈팡질팡하고 있을 때, 기본으로 돌아가 하나의 전선에서만 승부를 보았고, 그 결과 고객들의 LTE 서비스 주요 구매 요인(KBF) 1위인 '속도'를 KT의 자산으로 만들어 냈기 때문이다. 다시 한번 강조하지만, 후발 주자는 전선을 극도로 좁히고, 그곳에 모든 지원을 집중해 승부를 봐야 한다.

12

골리앗과 다윗의 싸움, '조인'의 실패

이번에 이야기하고자 하는 '조인'은 필자와 직접적인 관련이 없었으나, 마케팅 측면에서 시사하는 바가 커서 본 저서에서 다루고자 한다.

문자 메시지 무료(사실은 적은 금액이지만 데이터 요금은 지불해야 한다)라는 기치를 들고 2010년에 등장한 '카카오톡'은 파죽지세로 이동통신사의 문자 메시지 시장을 잠식했다. 당시 건당 20원이었던 문자 메시지 요금에 부담을 느끼는 고객들에게는 가뭄 끝의 단비와 같은 선물이었고, 번거로운 전화번호 입력 절차 없이 휴대폰에 저장된 지인들의 전화번호 리스트를 활용해 손쉽게 메시지를 주고받을 수 있어서 '카카오톡'의 사용자 수는 짧은 기간에 폭발적으로 늘어났다.

'카카오톡'의 약진으로 이동통신사의 주요 수익원이던 문자 메시지 매출은 급격히 줄어들었다. (당시 이동통신 3사의 문자 메시지 연간 매출 총계는 약 1.5조 원 정도였다.) 치열한 경쟁 관계에 있었던 이동통신 3사는 동병상련의 처지가 되었고, 만나기만 하면 으르렁거리던 이동통신 3사는 어려움을 타개하기 위해 사이좋게 머리를 맞대고 앉아 해결책을 모색하는 진풍경을 연출했다.

혈투를 벌이던 이동통신 3사가 다정하게 앉아 중지를 모은 결과, '카카오톡'이 출시되고 2년 남짓 흐른 2012년 12월, 문자와 채팅 및 실시간 영상 공유가 가능한 RSC(Rich Communication Suite) 서비스인 '조인(joyn)'이 세상에 모습을 드러냈다. '조인'이 출시될 당시 언론에서는 '조인'과 '카카오톡'이 펼칠 경쟁에 관심을 가지고 여러 가지 기사를 쏟아 냈고, 그 덕분에 '조인'은 출시와 더불어 세상의 관심을 받는 인기 스타가 되었다. 그러나 인기는 그리 오래 지속되지 못했다.

별도의 앱이나 본인 인증 절차가 없고, 이동전화 가입 시점에 고객들에게 강력한 마케팅 커뮤니케이션이 가능하다는 등의 여러 가지 이점을 가지고 탄생한 '조인'이었지만, 화려한 스포트라이트를 받으며 등장한 지 3년 만에 조용히 무대로 사라지는 안타까움을 맞봐야 했다. '조인' 실패의 원인으로 여러 가지 사항을 거론할 수 있지만 다음과 같이 4가지 정도로 정리할 수 있다.

첫째, 너무 늦은 대응이다. '조인'은 '카카오톡'이 출시되고 2년여가 지난 후에 등장했다. 그 사이에 '카카오톡'은 빠른 속도로 가입자를 모집해 임계 수량(Critical Mass)를 훌쩍 넘겼고, 서드 파티(Third Party)가 '카카오톡' 서비스에 플레이어로 참여하는 생태계를 이미 탄탄하게 조성했다. 이동통신 3사는 '카카오톡'에게 철옹성을 쌓을 충분한 시간을 주는 커다란 우를 범했다.

둘째, 차별성 부족이다. 후발 주자가 시장에서 살아남기 위해서는 뚜렷한 차별점이 있어야 하는데, '조인'은 '카카오톡'에 비해 차별점이 거의 없었다. 앞에서 이야기한 가입 시점에서의 편리함이 장점으로 작용할 수 있었으나, 이미 많은 이동전화 단말기에 '카카오톡' 앱이 다운로드된 후에 출시되어 이러한 장점마저 누리기 힘든 상황이 되었다.

셋째, 캐시 카우(Cash Cow)에 대한 미련과 유료화 시도를 지적할 수 있다. '조인' 런칭 시점에 이동통신 3사는 6개월의 무료 프로모션 이후에 '조인'의 요금을 그 당시 단문 문자 메시지(SMS)와 같은 수준인 건당 20원으로 책정하겠다는 발표를 했다. 이러한 유료화 방침은 '카카오톡' 사용자들의 '조인' 사용 의지를 조기에 꺾어 버렸다. 무료로 서비스를 잘 사용하고 있는데, 지금보다 서비스가 나은 점이 거의 없고 곧 유료화될 서비스를 사용해보겠다는 사람이 과연 얼마나 되었겠는가? ('조인'은 2015년 12월 시장에서 퇴장할 때까지 무료로 제공되었다.) 당시 이동통신 3사는 시장의 흐름에 대해 전혀 감을 잡지 못했으며, 플랫폼 비즈니스(Platform Business)의 서막을 알리는 '카카오톡' 등장의 사업적 의미를 이해하지도 못했다.

넷째, 공동 개발의 덫에 빠져 시장 대응의 유연성을 발휘하지 못했다. '카카오톡'은 자체적인 앱 업데이트를 통해 고객의 요구 사항을 단시간 내에 반영할 수 있었으나, '조인'의 경우 이동통신 3사 및 단말기 제조사 등 많은 이해관계자 간의 조율이 완료된 후에 서비스 업그레이드가 가능했다. 따라서 고객 요구의 수용 측면에서 느릴 수밖에 없었고 유연성을 발휘할 수 없었다.

자신이 가지고 있는 비즈니스 모델이 새로운 비즈니스 모델에 침식당할 경우에 취할 수 있는 전략은 두 가지다. 첫째는 현재의 비즈니스 모델을 강화해 침입자의 영향력을 최소화하는 것이고, 둘째는 현재의 비즈니스 모델을 재빨리 버리고 새로운 비즈니스 모델 분야에서 강자가 되는 것이다. 물론 두 가지 옵션에 대한 선택 기준은 기존 비즈니스 모델의 지속가능성 여부다.

기존 비즈니스 모델의 지속가능성 여부를 오판한 가장 유명한 사례는 디지털카메라 등장에 따른 코닥(Kodak)의 몰락이다. 역설적이게도 디지털카메라를 코닥이 가장 먼저 개발했지만, 디지털카메라가 카메라 필름 시장을 잠식할 것이라는 우려 때문에 코닥은 자신이 최초로 개발한 디지털카메라를 외면했다. 타 회사가 디지털카메라를 시장에 내놓은 이후에도 코닥은 계속 카메라 필름에 매달리다 결국 2012년에 파산했다.

노키아(Nokia) 휴대폰 사업의 몰락도 코닥과 비슷한 경우다. 노키아는 2000년도 초반에 스마트폰을 개발해 투자자들에게 프리젠테이션까지 했지만, 경영진은 스마트폰이 출시될 경우 휴대 전화기 판매 세계 1위라는 아성이 흔들릴 수 있다는 생각에 스마트폰 출시를 포기하는, 돌이킬 수 없는 우를 범했다. 그 후 뒤늦게 심비안(Symbian) OS가 탑재된 스마트폰을 출시했지만 애플과 삼성 등에 밀리는 신세로 전락했고, 결국 2013년 노키아의 휴대폰 사업부문은 마이크로소프트에 매각되고 말았다.

필자는 '인터넷 국제전화 서비스'의 등장에 따른 '국제전화 001'
의 쇠퇴를 옆에서 지켜볼 수 있었다. '인터넷 국제전화 서비스'가 세
상에 등장한 1990년대 초 KT 내부에서도 이를 어떻게 대응할 것인
가에 대한 논의가 있었으나, 워낙 높은 '국제전화 001'의 수익률에
대한 미련 때문에 KT는 당분간 지켜보자(wait & see)는 입장을 취하
며 어영부영 시간을 흘려보냈다. 이렇게 당분간 지켜보자는 입장을
너무 길게 취하며 새롭게 등장한 서비스에 대응할 수 있는 골든 타
임을 놓쳤다. 그 결과 국제전화 시장도 크게 잠식당하고 '인터넷 국
제전화 서비스' 시장에서도 선발 경쟁사에 밀리는 우울한 상황을
맞은 기억이 있다.

13

무선에 빼앗긴 스포트라이트,
유선으로 되돌린 '기가 인터넷'

누가 뭐래도 KT는 대한민국 유선통신 서비스 분야 최강자다. 세계 최상급 품질의 '유선전화'를 원활하게 제공하는 것은 물론, '초고속 인터넷 서비스', '와이파이(WiFi)' 등 고객 일상의 변화를 가져온 무게감 있는 서비스를 늘 선도적으로 제공함으로써, 대한민국이 IT 강국이 되는 데 큰 기여를 했다.

인터넷이 지구 구석구석을 연결하며 인류의 대부분이 네티즌 (Netizen)이 된 이후, KT 유선통신 서비스 대표 주자는 '초고속 인터넷 서비스'였는데, 2010년대에 들어서면서 잘 나가던 '초고속 인터넷 서비스'의 위상이 조금씩 흔들리기 시작했다. 경쟁사들이 약간 낮은 품질의 서비스를 저가에 내놓으면서, '초고속 인터넷 서비스' 시장은 가격 경쟁에 휘말리게 되었다. 후발 진입자들은 자신이 제공하는 서비스에 대한 시장의 기대 수익률이 선발사업자 대비 상대적으로 낮은 점을 활용해 저가 공세를 펼쳤다. 기존에 사용하던 '초고속 인터넷 서비스'를 해지하고 다른 사업자로 옮기면 현금으로 수십만 원을 지급하는 영업 행태가 일반화되었고 그 액수도 점점 커

필자의 올레 기가 인터넷 출시 기자회견 장면(2014년 10월 20일)

져갔다. 한마디로 2010년대에 들어 '초고속 인터넷 서비스' 시장은 완전한 레드 오션(Red Ocean)이 되었다.

당시 KT는 후발 경쟁사들의 현금 살포 영업으로 인해 시장점유율이 줄어드는 것은 물론이고 심지어 가입자 총수가 감소하는 어려움을 겪기도 했다. 이러한 상황을 타개하고 KT가 다시 유선통신 시장에서의 리더십을 되찾기 위해 꺼낸 카드가 바로 '기가 인터넷' 프로젝트였다.

KT는 2010년대 초에 이미 '1기가 인터넷 서비스'를 제공할 수 있는 전국 단위의 기본 인프라를 구축했지만 당시에는 100Mbps 이상의 속도가 필요한 서비스가 거의 없어서 '1기가 인터넷 서비스'는 수면 아래에서 조용히 때를 기다리고 있었다.

2010년대 중반이 되면서 HD급 모니터의 보급이 본격화되고, 4G LTE를 통한 동영상의 시청이 일반화되면서, '1기가 인터넷 서

마오리족 하카팀이 출연한 KT 기가 인터넷 TV 광고

비스' 및 '기가급 와이파이'에 대한 수요가 생겨나기 시작했다. KT 는 이러한 시장의 변화를 감지하고 2014년 상반기부터 기가 인터넷 서비스를 준비해, 그해 10월 부산에서 열린 '월드 IT쇼(WIS, World IT Show)'에서 '1기가 인터넷 서비스' 런칭을 선포했다.

'1기가 인터넷 서비스' 런칭 며칠 전부터 TV에서는 근육질의 뉴 질랜드 마오리족 하카(haka)팀이 단체로 출연해 "기가 꽉꽉, 기가 산 다"를 외치는 티저 광고를 많이 노출했다. 그 후로 'GiGa'를 '기(氣) 가'로 표현한 GiGa 캠페인이 TV 광고 중심으로 꾸준하게 펼쳐졌 다. 이 캠페인은 이전의 캠페인들처럼 대중으로부터 폭발적인 사랑 을 받지는 못했으나, KT가 새롭게 GiGa 시대를 열어가고 있다는 것을 알리는 데 중요한 역할을 했다.

'1기가 인터넷 서비스'를 출시하면서 5년 내 300만 가입자 확보 를 목표로 발표했지만, 솔직히 그 당시에는 고객이 오버 스펙(Over

Spec)에 대한 부담감을 느껴서 '1기가 인터넷 서비스' 가입을 주저할 수 있다는 우려가 있었다. 다행히 통신 서비스 시장의 환경 변화 등이 유리하게 작용해 서비스 개시 1년이 약간 지난 2015년 12월 KT '기가 인터넷 서비스' 가입자는 100만을 돌파했다. 당시 KT 유선통신 서비스 영업으로 불철주야 고생하셨던 분들에게는 지금도 감사의 마음을 전하고 싶다.

바야흐로 '기가 인터넷 서비스'는 대세가 되었고, 눈치만 보고 있었던 경쟁사들도 '기가 인터넷 서비스' 상용화에 나섰지만, '기가 인터넷 서비스=KT'라는 등식에 압도되어 자사의 '기가 인터넷 서비스'를 알릴 수도 없고 그렇다고 안 알릴 수도 없는 진퇴양난의 상황에 빠졌다. KT의 '기가 인터넷 서비스'는 런칭 이후 1년 정도의 짧은 기간에 유선통신 서비스 분야에서 에이스(Ace)로 자리 잡았고, 경쟁사가 따라올 수 없는 KT만의 차별화 아이템이 되었다.

이렇게 잘 나가던 KT '기가 인터넷 서비스'에도 조금씩 문제가 생기기 시작했다. 2015년 12월에 가입자 100만을 기록하고는 2016년에 접어들면서 갑자기 '기가 인터넷 서비스'에 대한 대 고객 커뮤니케이션을 중단했다. 일반적으로 승부수를 띄운 상품/서비스, 브랜드가 시장에서 활착하기 위해서는 적어도 2~3년 정도의 지속적인 대 고객 커뮤니케이션이 필요하다. 그러나 'KT 기가 인터넷 서비스'가 가입 시장에서 기대 이상의 반응을 보이자 KT는 더 이상의 커뮤니케이션은 낭비라고 생각해 고객 커뮤니케이션의 방향을 다른 곳으로 돌렸고, 이 틈을 타 경쟁사들은 '기가 인터넷 서비스' 시장에 야금야금 발을 들여놓기 시작했다.

당시 필자는 대한민국 전체에 큰 파장을 일으킨 정치적 사건에 이유도 모르는 채 휘말려 잠시 회사를 떠나 교육을 받고 있었다. 이러한 상황에서도 '기가 인터넷 서비스' 광고를 재개해야 하고, KT의 '오리지널 기가 인터넷 서비스' 대 경쟁사의 '짝퉁 기가 인터넷 서비스'로 포지셔닝 해야 한다는 목소리를 냈지만 외부자인 필자가 이를 되돌리기에는 역부족이었다.

몇 년이 지난 후, '기가 인터넷 서비스'는 KT만의 차별화 무기에서 세상 어디에나 널려 있는 일상품(Commodity)의 범주에 속하는 신세가 되었다. 고객 인식에 대한 이해 부족과 자만으로 KT의 '기가 인터넷 서비스'는 짧은 전성기를 보내고 왕좌에서 내려와야 하는 비애를 맛보았다.

4장

▼

▼

▼

마케팅 프로스펙트

Marketing Prospects

앞의 3장에서는 주로 필자가 직접 경험한 마케팅 사례별로 무슨 고민을 하였고, 이를 해결하기 위해 어떤 방안을 마련하여 어떻게 실행에 옮겼으며, 이러한 과정에서 어떤 시사점이나 교훈을 얻을 수 있었는가를 살펴 보았다.

"옛 것을 익히고 그것으로 미루어 새로운 것을 안다(溫故而知新)"는 뜻의 공자님의 유명한 말씀이 있는데, 세월이 흐를수록 변화의 속도가 빨라지고 고려해야 하는 변수의 수도 점점 늘어나면서, 과거에 기대어 미래를 그리는 것이 점점 어려워지고 있는 것이 사실이다. 이렇듯 시간이 흐를수록 예측의 난이도는 올라가고 있지만, 미래에 대한 예측은 미래에 기업이 처할 수 있는 상황을 이해하고 대비한다는 측면에서 기업의 성장을 위해 꼭 필요한 도구이다.

본 장에서는 시장에서 통하는 마케팅 전략 수립에 조금이라도 도움이 될 수 있도록, 향후 펼쳐지는 마케팅 세상에서 주류를 이룰 잠재력이 큰 이슈들에 대하여 살펴 볼 것이다. 또한 디지털 마케팅과 브랜딩 같이 여러 주장들이 공존하는 이슈에 대해서는 필자 나름의 견해를 토대로 콤팩트한 정리를 시도하였다.

디지털 마케팅

디지털 마케팅(Digital Marketing)은 마케팅의 현재이자 미래다. 지금도 디지털 마케팅이 대세임에는 틀림이 없으나, 시간이 지날수록 디지털 마케팅의 비중과 중요성은 점점 더 커져 갈 것이다. 디지털 마케팅 이외에도 우리가 주목해야 할 마케팅 관련 의제나 이슈가 여럿 있을 수 있으나, 영향력 측면에서 디지털 마케팅 분야는 단연 독보적이다.

디지털 마케팅이란 스마트폰, 노트북, 태블릿 등의 디지털 디바이스를 통해 소비자의 구매 여정에 관여하는 일체의 마케팅 활동을 의미한다. 이와 유사한 개념으로 인터넷 마케팅이 있는데, 디지털 마케팅이 보다 광의의 개념이라고 말할 수 있다. 예를 들어 단문 메시지 서비스(SMS, Short Message Service)나 디지털 빌보드(Digital Billboard)는 디지털 마케팅의 매체이긴 하나, 인터넷 마케팅과 다소 거리가 있다.

초창기에는 디지털 마케팅이 디지털 커뮤니케이션(Digital Communication)과 같은 의미로 쓰였으나, 시간이 지나면서 디지털 마케팅은 빅 데이터 분석을 통한 전자 고객 관리(eCRM, electronic Customer Relationship Management)와 1대1 마케팅(One to One Marketing) 등의 분야로 영역이 확장하는 추세다.

매출 기준 세계 2위의 소프트웨어 회사인 오라클(Oracle Corporation)에서는 디지털 마케팅의 도구로 활용되는 디지털 미디어(Digital Media)를 다음과 같이 분류하고 있다.

- 이메일(E-Mail)
- SMS 및 MMS
- 인앱(In-App) 메시지(Message)/푸시(Push) 알림
- 소셜 미디어(Social Media)
- 오디오(Spotify, Pandora, Apple Music)
- 배너 광고, 팝업 광고 등의 디지털 광고
- 비디오(YouTube, Netflix, Hulu)

디지털 마케팅이 가져온 변화

2018년 국내 디지털 광고 시장(4.3조 원)의 규모가 처음으로 국내 TV 광고 시장(3.9조 원)을 추월했다. 이로부터 불과 3년이 지난 2021년에는 TV 광고 시장(4조 원)이 제자리걸음을 하는 동안 급격한 성장을 거듭한 디지털 광고 시장(7.5조)은 마침내 전체 광고 시장의 50%를 넘어서게 된다. 이처럼 광고 시장 규모 측면에서 디지털

은 이미 마케팅의 중심이 되었다는 것을 알 수 있다. 그러나 사실 숫자로 이야기하지 않더라도 현재 이 시점이 디지털 마케팅의 시대라는 사실을 의심하는 사람은 아무도 없을 것이다.

디지털 마케팅의 등장은 사실 그렇게 오래전의 일이 아니다. 1990년 12월 월드와이드웹(WWW)의 등장을 그 시작으로 본다고 하더라도, 역사는 불과 30년 정도밖에 되지 않는다. 앞에서 언급한 광고 시장 규모의 변화에서 보듯이 디지털 마케팅은 최근 5~6년 사이에 가파르게 성장했다. 디지털 마케팅이 비교적 짧은 시간 안에 급속도로 발전할 수 있었던 배경을 알기 위해서는 디지털 마케팅이 어떠한 변화의 형태를 보여 왔는지를 짚어볼 필요가 있다.

변화의 세 가지 축: 기술, 매체, 고객

현재의 디지털 마케팅의 모습은 세 가지 핵심 축의 변화로 형성되었다. 즉 '기술의 변화'와 이를 통해 등장한 '새로운 매체 환경' 그리고 '고객 라이프 스타일의 변화'가 상호 작용하면서 디지털 마케팅의 성장을 이루어 냈다. 디지털 마케팅의 역사는 인터넷, PC 중심으로 발전한 2010년 이전 시기와 스마트폰이 등장한 2010년 이후 시기 등 크게 두 시기로 나눠서 설명할 수 있다.

먼저 2010년 이전 시기를 살펴보면, 지금으로부터 30여 년 전인 1990년 월드와이드웹이 처음 등장한 이후 다양한 서비스와 플랫폼이 명멸을 거듭해왔다. 1990년 이후 본격화된 인터넷 시대를 대표하는 서비스로는 포털 사이트(Portal Site)가 있다. 1994년 두 명의 스탠포드 대학원생에 의해 시작된 야후(Yahoo)가 초창기 포털 사이트의 대표 주자라고 할 수 있다.

야후는 사실상 현재 검색 포털의 원형을 만들었다고 할 수 있는 서비스로, 비록 국내에서는 고전을 면치 못했지만 1997년 이미 글로벌 500개 이상의 광고주를 확보했고, 10억 페이지뷰를 넘기는 등 2000년 들어와 구글에 1위 자리를 넘기기 전까지 명실공히 전 세계 1위의 인터넷 서비스로 자리매김하고 있었다. 국내에서는 1995년 웹 메일로 시작해 점차 영역을 확대한 다음(Daum), 1997년 삼성 SDS 사내 벤처(웹글라이더)에서 시작된 네이버(Naver)는 물론 엠파스(Empas), 네이트(Nate), 드림위즈(Dreamwiz), 심마니(Simmani) 등의 서비스들이 초기 인터넷 시장의 발전을 견인했다.

검색 포털 이외에도 다양한 서비스가 초기 인터넷을 기반으로 발전해왔다. 1994년 인터넷 서점으로 시작한 아마존으로 대표되는 커머스 플랫폼도 시대에 맞춰 진화를 거듭해왔고, MSN 등의 메신저 서비스, 프리챌(Freechal) 등의 커뮤니티 서비스, 싸이월드(Cyworld) 등의 소셜 미디어류의 서비스도 이 시대에 탄생해 풍부한 인터넷 환경을 구축했다.

기술의 변화와 함께 고객의 삶에도 큰 변화가 일어났다. 검색 포털의 등장은 TV나 신문, 도서 등을 통해서 이뤄지던 정보 습득의 경로를 근본적으로 바꿔 놓았을 뿐만 아니라, 포털 사이트가 뉴스 포털로서의 기능도 갖게 되면서, 뉴스의 소비에서도 중심적인 역할을 맡게 되었다. 다양한 커뮤니티 사이트가 활성화되면서 오프라인의 모임은 디지털로 확장되었다. 특히 다양한 커머스 사이트의 등장은 소비의 행태를 바꿔 나가기 시작했다.

다양하고 편리한 서비스가 고객을 끌어모았던 한편으로 디지털 마케팅의 태동으로 오랫동안 변화가 적었던 매체 환경의 지형은 빠르게 변화하기 시작했다. 현재까지 이어지는 디지털 광고의 형태 또한 대부분 1990년대에 만들어졌는데, 흔히 배너 광고라고 불리는 DA(Display AD)와 검색 광고(Searching AD)가 그 대표적인 예이다.

1990년대 말에 현재와 같은 디지털 광고의 형태가 대부분 만들어졌지만, 이 시기에 미디어 환경에 근본적인 변화가 일어났다고 보기는 어렵다. 당시의 변화는 기존의 전통적 매체 환경에 인터넷이라는 새로운 매체가 추가된 것에 가까운 변화였기 때문이다.

2010년대 초반 스마트폰의 등장으로 미디어 환경은 근본적인 변화를 겪었다. 스마트폰의 등장으로 우리는 월드와이드웹이 가져온 변화를 뛰어넘는 변혁(Transformation)을 경험하고 있다고 말할 수 있다. 스마트폰과 때마침 등장한 4세대 이동통신(LTE)의 시너지는 유튜브(YouTube) 같은 영상 스트리밍 서비스에 폭발력을 주었고, 페이스북(Facebook), 인스타그램(Instagram)으로 대표되는 소셜 미디어는 언제 어디서든 세상과 연결되는 경험을 제공했다. 우리나라에서는 카카오톡(Kakao Talk)이 이미 생활에 없어서는 안 될 중요한 커뮤니케이션 수단으로 자리 잡았고, 그 외 다양한 분야의 서비스들이 앱(App)의 형태로 스마트폰 안으로 들어오게 되었다.

스마트폰의 등장은 미디어 환경뿐만 아니라 우리의 삶을 근본적으로 변화시켰다. 모바일은 나와 세상을 연결하는 전자 탯줄 역할을 하는데, 현대인 대부분은 정보 획득은 물론 영상 시청, 금융, 쇼핑, 음악, 게임, 여행 등 생활 전반을 모바일에 의존해 살아가고 있다. 스마트폰을 분실한 경험이 있는 사람이라면, 내 스마트폰이 온전하게 복원 및 작동되기 전까지 세상과 단절된다는 것이 얼마나 심각한 문제인지 느껴본 적이 있을 것이다.

또한 스마트폰의 등장은 1990년대의 인터넷의 등장과는 다르게 매체의 패러다임을 바꿔 놓았다. 정보를 모바일로 언제 어디서든 얻게 되면서 인쇄 매체의 효용성은 급격히 추락했고, 유튜브는 물론 넷플릭스(Netflix)로 대표되는 OTT 서비스의 등장은 콘텐츠 소비 행태를 바꿔 놓으면서 TV 매체의 영향력 역시 감소시키고 있다.

디지털 마케팅은 이렇듯 새로운 기술의 변화에 따른 매체 환경의 변화, 그리고 근본적인 고객 라이프 스타일의 변화를 가져오면서 비상하기 시작했다.

디지털 마케팅의 세 가지 혁신 1: 데이터

디지털 마케팅의 발전은 단순히 모바일과 그에 연계된 서비스의 등장으로만 설명할 수 없다. 아래에서 설명하는 세 분야에서의 혁명적인 발전 덕분에 디지털 마케팅은 현재의 모습을 갖출 수 있게 되었다.

1) 과거와 현재의 데이터, 어떤 차이가 있는가

현재의 디지털 마케팅은 데이터를 빼고는 설명할 수 없다. 스마트폰과 PC, 태블릿(Tablet), IPTV, 통신 네트워크 등을 통해 수집할 수 있는 데이터가 비약적으로 증가하게 되면서, 빅 데이터(Big Data)가 화제의 키워드가 되었다.

빅 데이터라는 용어 자체는 데이터의 규모가 중요한 이슈라는 뉘앙스를 풍기지만, 데이터 혁명은 단순히 데이터 규모의 문제를 넘어선 활용의 이슈라고 할 수 있다. 즉, 마케터가 활용할 수 있는 데이터가 기하급수적으로 늘어났고, 데이터를 통해 고객의 마음을 읽어내는 능력이 마케터에게 중요한 역량이 되었다는 의미이다.

사실 예전에도 데이터는 있었다. TV 매체의 효과는 시청률을 통해서 평가되었고, 인쇄 매체의 효과는 열독률로 평가되었다. 또한 다양한 정량, 정성 조사 기법을 통해 고객 데이터를 구했고, 개별 브랜드들은 각자의 방식으로 고객의 데이터를 관리했다. 그렇다면 과거의 데이터와 현재의 데이터의 차이를 만드는 결정적인 요소는 무엇일까? 물론 데이터의 규모 면에서 큰 차이가 있지만 이를 논외로 치면, 측정 가능성(Measurableness)과 연결성(Connectivity)이 차이의 핵심이라고 이야기할 수 있다.

첫째 핵심 요인은 측정가능성으로서 정확한 측정을 통해 얻은 데이터를 통해 마케터들은 보다 정확하게 고객을 이해할 수 있게 되었고, 개별 매체들의 효과를 알 수 있게 되었다. 이전 시대에 측정된 매체의 효과는 엄밀하게 말해서 '측정된 것'이 아닌 시청률, 열독률 등을 통해 '추정된 것'에 가깝다고 말할 수 있다. 디지털 마케팅 초창기에도 노출, 클릭 등을 통해 매체 효과를 측정할 수 있었지만, 지금은 고객들의 디지털 활동과 매체의 성과를 정확하게 측정할 수 있는 시대가 되었다.

예전의 데이터와 현재의 데이터의 차이를 만드는 두 번째 핵심 요인은 연결성인데, 예전에는 마케팅 성과 데이터, 고객 데이터, 매출 데이터가 서로 연결되지 않고 각각 관리되었다고 한다면, 지금은 모든 데이터를 서로 연결해서 확인할 수 있다. 간단히 예를 들면, 지금은 개별 광고를 통해 유입된 고객이 어느 정도의 매출을 일으켰는지 한눈에 파악할 수 있다. 즉, 특정 브랜드의 비즈니스 데이터와 연결해 개별 마케팅 활동의 성과를 정확하게 확인할 수 있게 된 것이다.

2) 데이터 수집 주체에 따른 데이터 분류

수많은 데이터 중에서도 마케터에게 중요한 것은 고객 데이터와 매출 데이터 두 가지를 꼽는다. 매출 데이터는 세일즈의 결과로 쉽게 이해할 수 있지만, 고객 데이터는 여러 가지 개념을 포함하고 있기 때문에 구분이 필요하다. 데이터 수집 주체에 따른 고객 데이터는 어떻게 구분할까?

디지털 기기를 사용하면서 고객들은 다양한 흔적들을 남긴다. 예를 들어 어떤 키워드를 검색했는지, 어떤 콘텐츠를 소비했는지, 어떤 페이지를 방문했는지 등의 흔적을 남기는데, 디지털 기기에 남은 이런 개개인의 흔적을 저장한 작은 사이즈의 정보 파일을 우리는 '쿠키'라고 부르고 있다. 기업에서는 마케팅에 활용할 목적으로 디지털 흔적을 저장한 쿠키들을 수집하고 수집된 쿠키 데이터는 수집 주체에 따라서 '00파티 데이터'로 분류된다. 간단히 구분하자면, '1st파티 데이터'는 자사 브랜드가 수집한 쿠키 데이터, '2nd파티 데이터'는 타사 브랜드가 수집한 쿠키 데이터, '3rd파티 데이터'는 특정한 주체가 아닌 다양한 주체에 의해서 수집된 쿠키 데이터라고 할 수 있다.

'1st파티 데이터'는 자사 브랜드의 고객 정보가 온전히 담긴 데이터이기 때문에 마케팅적으로 활용 가치가 높다. 하지만 상대적으로 양적 측면에서는 부족하기 때문에 광고 같은 대외적인 마케팅보다는 eCRM(전자 고객 관리)에 주로 활용된다.

'2nd파티 데이터'는 다른 기업의 '1st파티 데이터'라고 볼 수 있는데, 데이터의 신뢰도와 정확도가 높은 편이지만, 자사 브랜드와의 연관성에 대한 검증을 통과해야만 데이터로서의 가치를 인정받을 수 있다. '2nd파티 데이터'가 자사 브랜드와 연관성이 있다면, '2nd파티 데이터'를 통해 자사 브랜드 고객들에 대한 다양한 추가적인 정보를 얻을 수 있다. 예를 들어 건강보조식품 브랜드의 경우 '1st파티 데이터'로는 건강보조식품의 구매 이력만을 알 수 있지만, 커머스 플랫폼의 데이터와 결합할 경우 고객의 다른 분야 관심사까지 알 수 있게 된다.

'3rd파티 데이터'는 불특정 다수 혹은 다양한 데이터 공급 업체를 통해 수집되는 데이터이기 때문에 데이터의 신뢰도와 정확도가 떨어질 수 있다는 단점이 존재하지만, 데이터 볼륨에 있어서는 앞의 두 데이터보다는 훨씬 방대한 양을 다루고 있다는 장점도 있다. 이러한 특성 때문에 '3rd파티 데이터'는 광고 집행 측면에서 널리 활용되고 있다.

3) 데이터를 활용한 타겟팅

타겟팅은 수많은 사람 가운데 고객이 될 가능성이 높은 특성을 가진 사람들에게만 메시지를 전파해 커뮤니케이션 비용의 효율성을 극대화하는 것을 목적으로 한다. 타겟팅과 관련된 데이터를 활용한 마케팅 기법은 다음과 같은 것들이 있다.

첫째, 리타겟팅(Re-Targeting)은 자사 사이트에 방문한 사람들을 대상으로 다시 광고를 보여주는 방식으로, 무분별한 광고로 인한 피로감을 낮추고 구매 확률을 높일 수 있다. 제품 상세 정보 페이지를 방문했거나, 제품을 장바구니에 담은 사람 등 구매 전 단계까지의 경험이 있는 잠재 고객을 대상으로 할인 정보, 구매 후기, 유사한 제품 등을 담은 광고를 노출시킴으로써 구매를 유도하는 마케팅 기법이다. 기본적으로 자사 브랜드 고객이 될 가능성이 가장 높은 사람들에게만 노출하는 광고 형태이기 때문에, 구매전환율을 향상시키기 용이해서 퍼포먼스 마케팅 등에 자주 활용된다.

둘째, 타겟팅 제외(Exclusion)는 리타겟팅과 반대로 특정 행동을 한 사람들에게는 광고를 노출하지 않는 마케팅 기법이다. 타겟팅 제외에는 다양한 형태가 있는데, 자사 제품과 유사한 타사 제품을 최근 구매해서 당분간 자사 제품을 구매할 가능성이 현저히 떨어지는 고객들을 타겟팅에서 제외하는 경우 그리고 구매 가능성이 낮은 특정 인구통계적 특성을 가진 집단을 타겟팅에서 제외하는 경우 등이 있다.

셋째, 유사 타겟팅(Lookalike)은 리타겟팅의 한계인 광고 커버리지 문제를 해결하기 위해 제시된 방안이다. 자사 브랜드 고객의 특성과 유사한 특성을 가진 고객을 찾아내 잠재 고객의 볼륨을 확대하는 방법인데, 자사 브랜드의 잠재 고객에 대한 정보가 정확할수록 효율성이 높은 마케팅을 진행할 수 있다.

이 외에도 수많은 형태의 타겟팅과 최적화 방법이 있는데, 이제는 광고 캠페인을 진행하는 과정에서도 데이터를 활용해 캠페인 진행 방향을 수정하면서 끊임없이 효율을 추구할 수 있게 되었다. 데이터의 발전은 비단 디지털 광고의 효율성을 높여 준 것뿐 아니라, 자사 고객에 대한 이해도를 높여 주었고, 의사결정 과정에서의 불확실성을 최소화함으로써 디지털 마케팅의 고도화에 커다란 기여하고 있다.

디지털 마케팅의 세 가지 혁신 2: 콘텐츠

소비자가 접근할 수 있는 콘텐츠의 종류와 양 역시 이전 시대에 비해 비약적으로 증가했다. 이 부분은 새로운 콘텐츠 플랫폼의 등장과 함께 살펴볼 필요가 있다.

예전의 콘텐츠는 대부분 방송국이라는 단일 플랫폼을 통해서 전파되었고, 콘텐츠를 소비하기 위해 모인 고객들의 크기가 곧 광고 매체의 영향력으로 직결되었다. 하지만 지금은 새로운 플랫폼이 콘텐츠 소비 행태를 근본적으로 변화시키고 있다. 새로운 콘텐츠 플랫폼의 등장과 관련해 가장 먼저 언급할 플랫폼은 2005년 세상에 선보인 세계 제1의 비디오 플랫폼인 유튜브다.

2010년대 초반만 하더라도 동영상을 모바일 스트리밍으로 시청하는 것이 대중적이지는 않았다. 하지만 앞서 잠시 언급한 바와 같이 스마트폰과 4세대 이동통신(LTE)의 등장으로 영상 소비 행태는 급속하게 변화하기 시작했다. 방송국이 정해준 시간에 맞춰 영상을 소비하던 형태에서 고객이 원하는 시간에 원하는 영상을 언제든지 볼 수 있는 환경이 구축되었고, 광고 수익을 콘텐츠 생산자와 나누는 비즈니스 모델의 변화는 크리에이터(Creator), 스트리머(Streamer) 등으로 불리는 새로운 직종을 탄생시키면서 콘텐츠의 질적 향상을 가져오게 되었다. 현재 유튜브 크리에이터들의 영향력은 유명 연예인에 버금가면서 유튜브 크리에이터들은 수많은 브랜드와 협업을 통해서 브랜디드 콘텐츠(Branded Contents)를 만들어 내고 있다.

1997년 비디오 대여업으로 출발한 넷플릭스(Netflix)는 OTT(Over The Top)라는 새로운 서비스로 진화하면서, 유튜브의 폭발적인 성장으로 영향력이 줄어들고 있었던 TV 매체에 더 큰 고민을 안겨주게 되었다. 이제 고객들은 TV 방송국에서 제공하는 것 이상의 양질의 콘텐츠를 본인이 원하는 시간에 원하는 매체에서 소비하고 TV에서 방영되는 대부분의 콘텐츠를 OTT에서도 볼 수 있게 되었다.

정해진 시간에 TV를 봐야 했던 시청 패턴이 과거의 이야기가 되면서 광고 매체로서의 TV의 영향력은 줄어들었다. 이런 상황에서 그동안 광고가 없는 플랫폼이었던 OTT가 넷플릭스를 중심으로 광고를 추가하는 방향의 시도를 하고 있는데, 이러한 시도가 시장에 안착하면 TV 광고는 더욱더 어려운 상황에 봉착할 것이다.

소셜 미디어 역시 새로운 콘텐츠 플랫폼의 관점으로 볼 수 있다. SNS(Social Network Service)로도 불리면서 개인과 개인, 개인과 세상을 연결시키는 것에 특화돼 있었던 소셜 미디어는 영향력이 커지는 과정에서 개개인이 생산하고 소비하는 수많은 콘텐츠가 존재하는 공간으로 진화했고, 이제는 소셜 미디어를 콘텐츠 플랫폼으로 분류하는 것을 이상하게 여기지도 않게 되었다.

소셜 미디어에 방문하는 사람의 수와 그들이 머무르는 시간이 비약적으로 늘어나면서, 각 개인이 보유한 계정의 영향력이 곧 돈이 되는 세상이 되었다. 이런 시류에 발맞춰 인플루언서(Influencer)라는 이름의 새로운 직종이 생겨났고, 영향력 있는 개인 계정들은 PPL(Product Placement)과 유사한 형태의 마케팅 서비스를 기업에 제공하는 공간으로 활용되고 있다. 앞에서 살펴본 바와 같이 기업들은 소셜 미디어를 고객들과 새로운 관계를 형성하는 장으로 적극 활용하고 있는데, 현재는 고객들과의 관계 형성을 넘어 직접적인 세일즈를 유도하는 장터(marketplace)로도 널리 활용되고 있다.

인스타그램(Instagram), 페이스북(Facebook) 같은 글로벌 소셜 미디어들은 이미 디지털 마케팅에서 가장 중요한 매체 중의 하나로 자리 잡았는데, 이들은 머신 러닝(Machine Learning)을 적극적으로 도입해 디지털 광고 시장을 한 단계 더 진화시켜 나가고 있다.

앞에서 살펴본 다양한 플랫폼의 출현과 발전이 이루어지면서 현재는 풍부한 콘텐츠를 넘어 콘텐츠가 포화 상태인 세상이 되었다고 이야기할 수 있는데, 이러한 콘텐츠의 폭발적 증가는 디지털 마케팅 분야에 새로운 숙제를 던져 주고 있다.

매체적 관점으로 보면, 새로운 콘텐츠 플랫폼의 등장으로 과거 포털 사이트에 집중되었던 디지털 매체 시장이 다각화되었고, 디지털 광고 시장의 규모가 비약적으로 증가했다. 이러한 현상은 마케터들에게 새로운 고민거리를 던지고 있다. 즉 다양한 콘텐츠 플랫폼의 등장에 따른 디지털 매체의 다변화의 영향으로 고객들이 분산되어 고객들에게 메시지를 제대로 전달하기 어려운 환경이 되었다는 것이다. 잘 다듬어진 15초의 TV 광고를 통해 수많은 고객에게 메시지를 전달할 수 있었던, 비교적 단순했던 과거의 콘텐츠 전략은 이미 힘을 잃었으며, 이제는 데이터를 활용한 더욱 정교한 콘텐츠 전략이 필요한 시대가 되었다.

데이터를 통해 효율적인 디지털 마케팅을 전개한다는 것은 앞에서 언급한 타겟팅에만 국한되는 것은 아니지만, 모든 콘텐츠의 성과는 데이터를 통해 관리되어야 한다. 예를 들어 기업의 소셜 채널에 올려진 많은 콘텐츠 중에서 '좋아요', 댓글 등 고객의 반응이 좋았던 메시지나 고객 체류 시간이 길거나 전환율이 높았던 제품 페이지의 콘텐츠를 메인(main) 광고의 소재로 활용하면 고객 대상 커뮤니케이션의 효율을 제고할 수 있다. 최근에는 사전에 다양한 메시지의 광고물을 준비하고 A/B 테스트(두 가지 대안 A와 B의 상대 비교를 통해 실험 대상자들이 선호하는 최적 대안을 선정하는 방법)를 통해 효율이 좋은 광고물을 채택하거나 여러 소재를 동시에 운영하며 머신 러닝을 통해 최적화하는 방법 등이 널리 활용되고 있다.

디지털 마케팅의 세 가지 혁신 3: 테크

디지털 마케팅은 당연하게도 기술의 발전과 밀접한 관계를 맺고 있다. 디지털로 전환함으로써 수많은 새로운 마케팅 채널이 생겨났고 고객을 더 정확하게 알 수 있는 데이터가 기하급수적으로 늘어난 것은 여러 측면에서 마케터에게 긍정적인 변화일 수 있다. 다른 한편으로는 분석해야 하는 정보의 기하급수적 증가와 너무 많은 채널은 오히려 고객의 행동을 파악하고, 마케팅 성과를 분석하는 데에 어려움을 주는 측면도 있다.

이러한 디지털 전환에 따른 복잡성의 증가로 생겨난 마케터의 고민을 해결하기 위해 탄생한 기술들을 마케팅 테크놀로지(Marketing Technology)라고 하는데, 줄여서 마테크(MarTech)라고 한다.

세상에는 이미 수많은 마테크가 존재한다. 필요에 따라 적절한 솔루션을 활용함으로써 마케터는 효율적으로 의사결정을 할 수 있

가장 낮은 마케팅 이야기

고, 더욱 정확하게 마케팅 활동을 수행할 수 있게 되었다. 구글 애널리틱스(Google Analytics) 같은 분석 솔루션, 개별 매체사에서 제공하는 다양한 광고 솔루션, 업무 효율성을 높이기 위한 노션(Notion) 같은 협업의 툴(Tool)은 가장 잘 알려진 마테크의 대표 선수라고 할 수 있다.

솔루션의 도입이 무조건 좋은 결과로 이어지지는 않는다. 세상에는 비슷한 기능을 제공하는 수많은 마테크 솔루션들이 있고, 한번 도입하면 많은 시간과 비용의 투자가 발생하기 때문에 마테크 솔루션 도입 시 신중한 의사결정이 필요하다. 마테크 솔루션 간의 호환성이 떨어지거나 통합적으로 관리가 되지 않고, 유사한 분석 업무에 개별 솔루션을 활용해야 한다면 오히려 업무가 가중되는 역효과를 가져올 수도 있다.

이러한 문제들을 해결하기 위해 최근에는 어도비(Adobe), 오라클(Oracle), 세일즈포스(Salesforce), 구글 등 거대 솔루션 기업에서 호환성이 보장된 다양한 기능의 솔루션들을 제공한다. 그러나 한번 도입하면 쉽게 바꾸기 어렵고 새로운 기능이 필요할 때 선택지가 줄어드는 경우가 있기 때문에, 마테크 솔루션 도입에는 장기적 관점의 신중한 의사결정이 필요하다. 분야별로 어떻게 마테크가 적용되고 있는지를 살펴보자.

1) 소셜 미디어

소셜 미디어가 기업의 마케팅 활동에 점점 중요한 역할을 담당하게 되면서, 기업이 관리해야 하는 소셜 미디어의 숫자도 늘어나게 되었다. 결국 기업은 이들을 체계적으로 관리해야 하는 새로운 숙제를 떠안게 되었다. 예를 들어 어떤 기업이 인스타그램, 트위터, 페이스북 등을 동시에 고객 대상 커뮤니케이션 채널로 운영할 경우, 콘텐츠의 통합적 관리와 소셜 미디어 팔로워(Follower)들과의 소통 및 관리에 어려움을 겪을 수 있다. 다 나아가 글로벌 브랜드일 경우, 권역별로 동시에 여러 소셜 미디어를 운영해야 하기 때문에, 복잡성의 증가에 따라 바로 앞에서 언급한 어려움이 훨씬 더 커질 수 있다.

현재는 기업의 이러한 문제해결에 도움을 줄 수 있는 솔루션이 시장에 나와 있는데, '소셜 미디어 관리 솔루션'을 통해 브랜드에 대한 소셜에서의 여론 및 콘텐츠에 대한 반응 등을 모니터링할 수 있고, 질문에 대한 공식적인 답변 등도 어렵지 않게 관리할 수 있다. 더 나아가서 반응이 좋았던 팔로워들만을 대상으로 광고를 집행하거나, 글로벌의 다양한 계정들을 동시에 관리하는 등의 도움도 받을 수도 있다.

2) eCRM 솔루션

현재의 디지털 시대에 eCRM 마케팅 채널 역시 점점 늘어나는 추세다. 전통적인 이메일, 문자 메시지는 물론 카카오 같은 메시징 플랫폼, 인앱(In-App) 메시지 등 기업이 활용할 수 있는 eCRM 채널들이 점점 늘어나면서, 기업은 이들을 효율적으로 관리하는 데 어려움을 겪고 있다. eCRM 솔루션은 기업이 전달하고 싶은 메시지를

가장 낮은 마케팅 이야기

원하는 시간에, 원하는 사람들에게, 원하는 횟수만큼 전달하는 데 도움을 줄 수 있는데, 이 모든 과정을 미리 준비된 시나리오에 따라 자동으로 진행할 수 있다.

3) 애드테크

애드테크(AD-Tech)는 광고(Advertising)와 기술(Technology)를 합성해서 만든 단어로, 넓게는 광고 비용 집행의 효율성을 제고하기 위한 모든 기술을 일컫는 용어다. 과정 자체는 주식을 거래하거나, 물건을 사는 과정과 유사할 수 있지만, 관련 용어들이 생소할 수도 있기 때문에 간단히 설명하겠다.

- DSP(Demand-Side Platform): 광고 집행을 원하는 광고주/대행사가 원하는 매체로부터 광고 인벤토리를 구매할 수 있는 플랫폼이다. 대표적으로는 더 트레이드 데스크(The Trade Desk), 미디어 맥스(Media Max) 같은 것이 있다.

- SSP(Supply-Side Platform): DSP와 반대로 매체사가 광고 인벤토리를 판매하기 위한 플랫폼으로 매체사 입장에서 최대한의 수익을 얻기 위해 기능하는 플랫폼이다.

- 광고거래소(Ad Exchange): 증권거래소처럼 DSP와 SSP를 연결해서 광고 인벤토리를 사고파는 중개소다. 실제 거래가 되는 방식은 실시간 비딩(Real Time Bidding, RTB) 방식으로 진행되기 때문에 잠재 고객이 인벤토리에 방문할 때마다 매체사가 실시간으로 DSP에 구매

여부를 묻고 조건에 따라 비딩에 참여한다.

모바일 시대가 도래하면서, 데이터와 콘텐츠 그리고 다양한 솔루션의 발전을 통해 마케터는 예전보다 더 정확하고 효율적인 마케팅 활동을 할 수 있게 되었는데, 고객과 매체 환경의 변화와 맞물려 디지털 마케팅의 영역과 영향력은 점점 더 확대되고 있다.

팬데믹이 강제한 디지털 전환

디지털 마케팅은 코로나 팬데믹과 떼려야 뗄 수 없는 관계에 있다. 2019년에 발생한 COVID 19는 엄청난 전파력으로 전 세계 많은 사람을 위험에 빠트렸다. 대부분의 국가에서 거의 동시에 사람들의 이동과 모임을 제한하면서, 지구촌 사람들의 삶은 순식간에 완전히 바뀌게 되었다.

이러한 상황은 기업의 마케팅 활동에도 큰 변화를 가져왔다. 디지털로의 전환을 진행 중인 기업은 그 속도를 가속화 했고, 여전히 오프라인 대면이 비즈니스의 중심인 전통적인 기업들도 디지털로의 전환을 미룰 수 없게 되었다. 코로나 팬데믹이 장기화되면서 이제는 코로나 팬데믹 이전으로 돌아가는 것이 불가능할 정도로 디지털로의 전환은 당연한 것이 되었다.

코로나 팬데믹 이전이었다면 당연히 오프라인에서 진행했을 많은 활동이 디지털로 대체되었다. 오프라인 매장 중심의 판매 활동이 디지털로 대체되면서 D2C(Direct to Consumer)가 유통 분야의 화두가 되었고, 오프라인에서 진행하던 행사도 빠르게 화상을 통한 스트리밍 등으로 대체되었다. 초기만 하더라도 오프라인 행사를 화상으로 중계하는 수준이었다면 지금은 방송에 최적화될 수 있도록 행사가 바뀌는 형태로 전환되었다.

코로나 팬데믹 기간 동안 비대면 거래 또는 가치 교환, 소비를 가능하게 하는 툴(Tool) 또는 서비스는 날개를 달고 비상했다. OTT 가입자가 급속하게 증가했고, ZOOM 같은 화상 회의 시스템, 배달 서비스 플랫폼, 커머스 플랫폼 등도 매출이 고공행진을 했다. 또한 라이브 커머스(Live Commerce), 메타버스(Metaverse)처럼 마케팅 활동에 새롭게 고려해야 할 채널들도 등장했다.

디지털 전환은 이제 업종을 불문하고 기업의 생존에 필수 조건이 되었다. 다수의 기업과 고객이 이미 디지털에 적응했기 때문에 코로나 팬데믹이 끝난 이후, 디지털 마케팅의 영향력은 더욱더 빠른 속도로 확대될 것이다.

디지털 마케팅의 변화 요인

코로나 팬데믹을 거치며 디지털 마케팅이 급격히 부상한 지 얼마 되지도 않은 시점에서 또다시 커다란 변화의 조짐이 나타나고 있다. 디지털 마케팅 분야에서 급격한 변화를 야기하고 있는 주요 요인들을 짚어 본다.

시장에서 통하는 AI(인공지능)의 출현

올해 초 전 세계를 열광시킨 챗GPT(ChatGPT)의 등장으로 디지털 마케팅을 논하면서 AI 이야기를 빼놓을 수 없게 되었다. 필자의 기억에 의하면 우리나라에서는 지금까지 서너 차례의 AI 파도가 있었다.

첫 번째는 1980년대 말 경영학 석박사 과정 학생들을 설레게 했던 전문가 시스템(Expert System)이다. 전문가 시스템은 인간이 특정 분야에 대해 가지고 있는 전문적인 지식과 경험, 노하우 등을 컴퓨터에 체계적으로 정리해 축적함으로써 일반인도 이를 쉽게 이용할 수 있도록 만들어진 시스템이다. 전문가 시스템 도입 초기에는 세상의 복잡한 문제를 모두 해결해 줄 수 있는 '만능 해결사'의 탄생에 대한 기대가 컸지만, 모든 경우의 수를 감당할 수 없다는 치명적인 약점으로 1990년대 초에 슬그머니 자취를 감추었다.

두 번째는 1990년대 가전제품 시장에서의 퍼지(Fuzzy) 전쟁이다. 세탁기를 필두로 냉장고 등의 가전제품에 퍼지 기술이 적용되었는데, 초반에는 가전 시장의 패러다임이 바뀔 것이라는 전망이 우세할 정도로 많은 주목을 받았으나, 기존 가전제품과 차별성이 크지 않다는 고객들의 평가가 이어지면서 이 또한 시장에서 조용히 사라지는 신세가 되었다.

세 번째 파도는 2016년 3월에 있었던 인공지능 바둑 프로그램인 알파고(AlphaGo)와 이세돌 9단 간의 바둑 대결이었다. 세간의 예상과 달리 알파고의 압승(4승1패)으로 끝나며 바둑 애호가는 물론 전 세계 사람들에게 큰 충격을 안겨 준 대결이었는데, 그때 사람들은 인간 최고수를 넘어서는 AI의 등장에 환호를 보내는 동시에 약간의 두려움을 느끼게 되었다. 알파고는 특정 분야에서 사람을 제치고 신의 경지에 가까이 다가간 최초의 AI 결과물이었는데, 이세돌 9단과의 대결 이후 업그레이드를 거치며 공식 경기를 몇 차례 이어가다 2017년 공식적으로 은퇴했다. 은퇴 당시 알파고의 공식 전적은 74전 73승 1패였다.

알파고 돌풍 이후 몇 년이 흘러 최근 AI가 다시 한번 큰 태풍을 일으키고 있다. 그 주인공은 바로 OpenAI에서 출시한 챗GPT라는 생성형 인공지능 서비스다. 챗GPT의 등장은 사람들에게 이전에 선보였던 AI와는 비교가 되지 않을 정도의 충격으로 다가왔는데, 이는 챗GPT의 범용성과 접근 가능성, 창의성 때문이다. 알파고의 경우 인공지능 프로그램의 승리 자체는 놀라웠지만, 바둑이라는 한정된 영역의 기술이었기 때문에 일반 대중들이 일상에서 이를 경험해 보기 어려웠다. 하지만 챗GPT는 텍스트 입력이라는 손쉬운 방법으로 누구나 웹사이트에서 이를 이용해 보고 그 위력을 바로 체감할 수 있게 되었다. 게다가 특별한 기술이나 추가적인 금전적인 지불 없이도 누구나 쉽게 활용할 수 있다는 범용적인 특징을 가지고 있어서 사람들은 AI를 직접 피부로 느끼며 AI를 미래의 기술이 아닌 현재의 기술로 인식하게 되었다.

앞에서 말한 범용성과 접근 가능성뿐만 아니라 인간의 고유 영역으로 생각되었던 창의력, 그러니까 실제 무언가를 만들어내는 능력으로 챗GPT는 전 세계를 열광하게 했는데, 챗GPT는 텍스트로 표현된 고객의 요구에 따라 시, 소설, 에세이, 광고 카피 같은 창작물을 실시간에 가까운 속도로 만들어내는 마술을 선보이고 있다.

이와 같은 창의적이며 범용성이 높은 AI의 등장으로 마케팅과 광고 분야에도 커다란 변화가 예상되는데, 챗GPT의 등장 이후 가장 빠르게 변화가 예상되는 분야는 바로 검색 광고 분야다.

정확성이 뛰어난 AI에 익숙해질수록 사람들은 검색 포털에서 원하는 답을 구하는 대신 AI가 이야기해주는 정보를 더 신뢰할 것이다. 이는 정보 획득의 가장 핵심 경로에 있던 검색 포털의 헤게모니가 빠르게 AI로 넘어갈 가능성이 커졌다는 것을 의미한다. 따라서 검색 광고를 중심으로 형성된 수많은 디지털 마케팅 생태계, 노하우, 비즈니스는 급속하고 큰 폭으로 변할 수밖에 없는 상황에 처했다.

단기간에 AI의 영향을 직접적으로 받는 대표적인 분야인 검색 광고를 비롯해 AI의 발전으로 마케팅 전반에 걸쳐 큰 변화가 있으리라는 것은 너무도 자명하다. AI는 잠재적 고객이 특정 상품, 서비스 또는 브랜드를 인지하고 구매하고 든든한 지원자가 되는 '고객 여정(Customer Journey)' 상의 단계별 고객과의 상호작용(interaction)에 있어서, 자동화된 맞춤형 솔루션을 제공할 수 있다. 즉 완벽에 가까운 자연어 처리 능력을 바탕으로 AI는 고객의 요청을 이해하고 관련 정보를 검색, 종합해 개별 고객에게 적합한 솔루션을 제공할 것이다. 이는 기업이 기존의 전통적인 마케팅 방법으로는 불가능했거나 어설픈 형태로 제공했던 일대일(one to one) 맞춤형 고객 경험을 AI를 활용해 완벽하게 제공할 수 있다는 것을 의미한다.

또한 AI의 효율적인 콘텐츠 생성 능력은 광고 시장에 지금과 다른 형태의 변화를 가져올 것이다. AI는 방대한 양의 데이터를 분석해 고객과 관련성이 높은 매력적인 콘텐츠를 생성할 수 있는데, 이를 통해 기업은 저렴한 비용으로 더 빠르게 광고 제작물을 만들 수 있게 되었다.

마케팅의 전 분야에 걸쳐 지금까지 경험하지 못한 변화를 가져올 AI의 발전은 기업과 고객이 관계 맺는 모든 방식을 혁신적으로 변화시키고 기존과는 비교할 수 없는 효과적이며 효율적인 마케팅 방식을 탄생시킬 것이다. 물론 저작권 이슈, 편향성 이슈 등 해결해야 할 문제도 남아있지만, 리스크보다 얻을 수 있는 편익이 훨씬 더 크기 때문에 AI를 마케팅이나 광고에 적용하려는 노력은 가속화될 것이다.

쿠키리스(Cookieless)

쿠키리스는 AI만큼은 아니지만 가까운 미래에 일어날 디지털 마케팅의 큰 이슈 중 하나다. 앞에서 데이터 혁명 이야기를 하면서 쿠키의 역할을 소개했는데, 쿠키는 데이터 수집을 위한 가장 기본적인 요소다. 하지만 개인정보 보호 강화 움직임이 확대되면서, 쿠키리스는 가능성 있는 미래가 아닌, 확정된 미래가 되었다. 이미 파이어폭스(Firefox)나 사파리(Safari) 같은 브라우저들은 광고에 주로 활용되는 3rd 파티 쿠키의 사용을 중단했고 크롬(Crome) 역시 이러한 움직임에 동참해 3rd 파티 쿠키 지원을 2023년 말에 중단하기로 했다. 또한 모바일에서도 애플과 구글이 개인정보 보호 규정을 강화함으로써 데이터 마케팅은 중요한 기로에 서게 되었다.

이처럼 개인정보 보호가 강화되는 추세에 따라 향후 3rd 파티 데이터의 활용은 제한될 수밖에 없는 상황이다. 이러한 상황에서는 향후 리타겟팅, 타겟팅 제외, 유사 타겟팅 효과는 감소할 수밖에 없을 것이다.

현재 이러한 어려운 상황을 타개하기 위해 여러 솔루션 기업들이 새로운 대안을 찾고 있지만, 아직 완전한 대안을 찾지 못하고 있는 실정이다. 언급했듯이 3rd 파티 데이터 사용에 제약이 생길 경우, 향후 1st 파티 데이터의 중요성은 더 커질 전망이다. 따라서 기업은 자사가 직접 수집한 1st 파티 데이터의 활용도를 높일 수 있는 다양한 디지털 전략을 모색해야 한다. 1st 파티 데이터의 중요성이 커짐에 따라 eCRM의 역할과 비중 또한 보다 중요해질 것이다. 또한 광고와 매체의 효과를 정확하게 판단하기 어려운 상황이 될 수도 있기 때문에, 자사 플랫폼의 내부 효율성을 극대화하는 방향으로 마케팅이 전개될 가능성이 높다.

WEB 3.0

WEB 2.0이 참여, 공유, 개방이라는 가치를 담고 소셜 미디어, 위키(wiki), 공유 플랫폼 등을 탄생시켰다면, 아직 구체화 된 서비스 형태가 대중화되지는 않았지만, WEB 3.0은 탈중앙화, 지능화, 개인화 등의 가치를 구현할 것으로 기대된다.

블록체인, 가상 화폐, NFT 등이 각광을 받으면서 알려지기 시작한 WEB 3.0은 향후 디지털 변화에 있어서 중요한 축의 역할을 할 가능성이 크기 때문에 관심을 가질 필요가 있다. 또한 쿠키리스 이슈처럼 개인정보 보호의 중요성이 증대될수록 WEB 3.0에 대한 사회적 관심은 커질 것이다.

메타버스

메타버스(Metaverse)는 초월과 가상을 뜻하는 메타(Meta)와 세계를 뜻하는 유니버스(Universe)가 결합된 신조어로서 현실을 넘어선 가상의 세상을 뜻하는 용어로 코로나 팬데믹 기간을 통해 널리 알려졌다. 가상 현실(Virtual Reality), 증강 현실(Augmented Reality) 분야의 기술 발전도 메타버스가 유명세를 타는 데 한몫했지만, 비대면을 강요하는 코로나 팬데믹의 영향으로 메타버스는 하루아침에 스타덤에 올랐다.

메타버스는 WEB 3.0과 다르게 이미 게임으로 유사한 형태들이 다수 존재하기 때문에 대중의 수용성이 높고 마케팅 플랫폼으로서의 접근도 쉬운 편이다. 이미 많은 브랜드가 메타버스 플랫폼으로 알려진 제페토(Zepeto), 로블록스(Roblox) 등에 브랜드를 경험할 수 있는 공간을 구축해 마케팅 플랫폼으로서의 가능성을 타진하고 있다.

이미 많이 활용되고 있는 메타버스를 여기서 소개하는 이유는, 초기 소셜 미디어를 대하는 브랜드들처럼 아직 마케팅적 활용 방법이 정립되지 않은 채 무분별하게 메타버스를 이용하는 경향이 있기 때문이다. 향후 분명한 성공 사례와 활용 방법이 나온다면, 메타버스는 지금보다 훨씬 더 의미 있는 마케팅 플랫폼으로 자리매김할 것이다.

2

브랜딩

필자의 대학원 시절 우리 과에는 성이 같고 이름이 한 글자인데, 그 이름도 똑같이 '철'인 학생이 두 명 있었다. 두 사람 모두 공부도 잘하고 놀기도 잘하는, 소위 문무(文武)를 겸비한 학생들이었다. 입학 초기에는 성과 이름으로는 두 사람을 구별하기 어려워 약간의 해프닝이 있었으나, 얼마 지나지 않아 대학에서 경영학을 전공했던 친구는 '경철', 산업공학을 전공한 친구는 '산철'이라고 자연스럽게 불리게 되었다. 이처럼 이름은 전적으로 '구별' 또는 '식별'의 기능을 수행한다. 그렇다면 이름과 브랜드는 어떤 공통점과 차이가 있을까?

브랜드의 정의와 역할

브랜드의 기원에 대해서는 몇 가지 견해가 있으나, 가축의 소유권을 표시하기 위해 사용하기 시작했다는 주장이 정설로 자리잡고 있다. 중세 유럽에서는 가축의 소유권을 표시하는 도구로 불에 달궈진 쇠막대를 사용했는데, 이 쇠막대기를 브랜드(brand)라고 불렀고 이 쇠막대기가 남긴 낙인도 브랜드라 불렀다. 즉, 브랜드는 '내 것' 과 '네 것'의 구별을 위해 탄생한 것이다.

이렇게 탄생한 브랜드는 사회가 복잡하고 힘과 재력을 갖춘 세력이 등장하면서 그 세력의 위세를 상징하는 심볼(symbol)로 사용되기 시작했다. 한편 상업이 발달하면서 교역품의 소유자를 표시하는 동시에 교역품의 품질을 보증하는 신뢰의 상징이 되기도 했고, 교역품에 문제가 생겼을 때 책임의 주체를 밝히는 표식의 역할도 수행했다.

브랜드가 범람하고 마케팅 과잉의 시대가 되어버린 오늘날 브랜드는 식별의 기능보다는 브랜드가 갖고 있는 고유의 성격과 특징에 더 많은 초점이 맞추어져 있다. 즉, '식별'보다는 '상징'의 역할이 더욱 커졌다. 광고계의 전설이라고 불리는 오길비(David Ogilvy, 1911~1999)는 "브랜드는 상징이다. 그것은 어떤 제품의 속성, 이름, 포장, 가격, 역사 그리고 광고 방식을 포괄하는 무형의 집합체"라는 유명한 말을 남겼다. 오길비에 따르면 브랜드의 '식별' 기능은 브랜드의 여러 기능 중의 하나이고, '상징'이 브랜드의 가장 중요한 기능인 셈이다.

결국 브랜드는 "어느 기업 또는 그 기업에서 생산/제공하는 제품/서비스를 식별하고, 경쟁 기업 또는 경쟁 기업에서 생산/제공하는 제품/서비스와의 차별화를 위해 사용하는 이름, 문자, 용어, 기호, 도형, 디자인 또는 이들의 결합체"라고 정의할 수 있다. 고객은 브랜드를 접했을 때 자신의 머릿속에 어떤 단어, 문장, 장면 또는 멜로디 같은 것들을 떠올리기 마련이다. 따라서 브랜드는 고객들에게 자신의 존재를 알리고 자신이 경쟁자와 어떻게 다른지를 알리는 징표이자 상징으로서 매우 중요한 기능을 담당한다.

소비자 입장에서 브랜드의 역할은 ① 제품/서비스의 출처 ② 생산 책임의 소재 ③ 품질 수준에 대한 생산자의 보증 ④ 탐색 비용 절감 ⑤ 제품 선택의 위험 감소 등으로 요약할 수 있는데, 박찬수 교수가 지은《마케팅 원리》(2019년, 제6판 2쇄) 220쪽에는 브랜드의 역할을 극적으로 보여주는 "세 쌍둥이 차"에 대한 흥미로운 사례가 나온다.

일본 미쯔비스자동차의 모델명 '이클립스(Eclipse)'와 미국 크라이슬러 자동차의 모델명 '레이저(Laser)' 그리고 '탈론(Talon)'은 같은 공장의 같은 조립라인에서 만들어진 완전히 동일한 자동차이다. 즉, 異名同車인 셈인데, 이들 세 쌍둥이 차에는 마케팅적으로 의미 있는 이야기가 있다. 그것은 바로 동일한 제품이지만 모델명이 다른 이 차들은 판매 성과에 있어서 큰 차이를 나타냈다는 것이다. 1년 동안 미국에서 '이클립스'가 모두 50,000대 판매되는 동안, '레이저'는 40,000대, 그리고 '탈론'은 안타깝게도 28,000대가 판매되는 데에 그쳤다. (세 쌍둥이 차의 가격과 프로모션 측면에서는 거의 차이가 없었고, 유통 측면에서는 '이클립스'가 절대적으로 열세에 놓여 있었다. 미국 내 '이클립스' 딜러는 500 정도, '레이저'의 딜러는 3,000정도 그리고 '탈론'의 딜러는 1,500 정도였다.)

'이클립스'가 유통에서의 어려움을 극복하고 최고의 실적을 보일 수 있었던 이유는 브랜드의 차이 때문이었다. '이클립스', '레이저', '탈론'이라는 모델명도 영향을 주었겠지만, 그보다는 메이커(자동차 회사)의 이름이 주는 이미지의 차이가 더 큰 역할을 했다. 많은 구매자들이 '이클립스'는 미제 차보다 품질이 좋은 일제 차라고 생각해 '이클립스'에 손이 더 많이 갔던 것이었다. 그러나 실제로 '이클립스'는 일제 차가 아니라 미쯔비시와 크라이슬러가 미국에 세운 합작공장에서 만들어진 미제 차였다.

브랜딩이란 무엇인가?

브랜딩은 브랜드에 'ing'를 붙인 것으로 '브랜드 만들기'로 직관적으로 번역할 수 있다. 아주 간단하고 1차원적으로 브랜딩을 정의하면 브랜딩은 '이름을 정하고(naming) 브랜드를 잘 키우는 일'이라고 할 수 있다. 과거에는 브랜딩이 마케팅 활동의 결과물이라는 인식이 강했으나, 시간이 지날수록 기능적, 물리적 차별화가 점점 어려워지면서 고객과의 관계에 초점을 맞추고 있는 브랜딩이 보다 중요하고 근본적인 요소로 자리를 잡아가고 있다. 이러한 경향은 향후 시간이 지날수록 더 강하게 나타날 것이다.

마케팅과 세일즈가 다른 개념이듯이, 최근에는 브랜딩과 마케팅은 서로 다른 개념이며 "브랜딩이 마케팅보다 더 근본적인 것"이라는 과감한 주장을 하는 사람들의 수가 점차 늘어나는 추세다. 이런 주장을 하는 사람들은 시간이 지날수록 브랜딩의 존재감이 커지는 이유를 생존을 위한 소비보다 자아를 표현하기 위한 소비, 즉 앞에서 살펴본 욕구(wants)를 충족시키기 위한 소비의 중요성이 점점 더 커지고 있기 때문이라고 설명하는데, 이와 같은 주장은 다음과 같은 멋진 문장으로 표현되기도 한다.

마케팅은 세일즈를 불필요하게 한다.
브랜딩은 마케팅을 불필요하게 한다.

필자는 "브랜딩이 마케팅보다 근본적인 것"이라는 주장에 동의하지 않으나, 브랜딩이 마케팅의 출발점이자 핵심이라고 생각한다. 고객을 대상으로 하는 모든 의사결정의 기준은 브랜딩을 토대로 정해져야 하며, 브랜딩에 대한 의사결정이 모두 이루어진 후에 타겟팅과 포지셔닝 그리고 제품(Product), 가격(Price), 판매촉진(Promotion), 유통경로(Place) 등 이른바 '4P 믹스(Mix)'를 정하는 것이 반석 위에 집을 짓는 정상적인 프로세스이다.

필자는 하나의 문장으로 정의하기 어려운 브랜딩을 "고객에게 사랑받는 브랜드를 만드는 과정"이라고 개략적으로 정의하고, 브랜딩의 의미, 중요성, 역할 등에 대한 타당성 있는 10가지 견해들을 아래와 같이 정리해서 소개한다. 이들 견해를 꼼꼼히 곱씹으면 한마디로 정의하기 어려운 브랜딩의 본질에 다가갈 수 있을 것이다.

1) 브랜딩은 자사 브랜드의 좋은 품질을 고객에게 제대로 전달하기 위해 이미지를 만들어 가는 과정이다.

2) 성공적인 브랜딩은 고객의 인식 속에 자사 브랜드만의 차별적인 모습을 각인시키는 것이다.

3) 브랜딩은 브랜드 가치를 최대화하는 것을 목표로 하는 활동인데, 그 핵심은 고객들이 자사의 브랜드를 선택할 수 있도록 유도하는 모든 과정에서 발생하는 고객 경험을 체계적으로 관리하는 데 있다.

4) 브랜딩은 고객과의 관계 형성에서 시작해 브랜드와 고객이 가치를 공유하는 과정이다.

5) 브랜드는 오감(시각, 청각, 후각, 미각, 촉각)을 바탕으로 하는 총체적 인상(image)이고, 브랜딩은 인상(image)를 만들어 가는 작업이다

6) 브랜딩은 특정 기업, 상품, 서비스의 그 기업다움, 그 상품다움, 그 서비스다움을 만들어내는 작업이다.

7) 브랜딩은 특정 브랜드를 그 브랜드답게 만들어 가는 과정이다. 즉, 그 브랜드만의 이미지와 모습을 만들어 가는 일이자 그 브랜드를 접하는 사람들에게 그 브랜드가 상징하는 것을 전하는 행위이다.

8) 우리가 누구이고 우리를 어떤 모습으로 고객들에게 기억시킬 것인지, 또 어떤 방식으로 고객들이 우리를 좋아하게 할 것인지에 대해 결정하는 것이 브랜딩의 최우선 과제이다.

9) 브랜딩은 그 브랜드의 팬을 만드는 모든 활동을 아우른다.

10) 브랜딩 담당자의 가장 중요한 임무는 고객 접점(판매 매장, 콜 센터, 간판, 광고물, 브로슈어, A/S요원, 안내 데스크, 사옥 주차장 등)에서 어

떻게 자사 브랜드의 차별성을 고객에게 전달할 것인지를 설계하고 지속적으로 개선하는 것이다.

브랜딩 관련 용어

브랜딩에 관한 이야기를 하면서 빼놓을 수 없는 것이 BI(Brand Identity, 브랜드 아이덴티티)이다. 과거에 BI는 브랜드 이미지와 관련된 시각적 요소들을 규칙성 있게 정리하는 작업을 의미했다. BI 컬러(Color)를 정하고 브랜드 로고를 만들며 고객들에게 전달되는 제품 패키지를 디자인하고 간판과 명함 등을 디자인하는 것을 BI라고 불렀다. 물론 시각적 요소들을 통합적으로 정리하는 것이 BI에 있어서 중요한 부분이긴 하나, 그것이 BI의 모든 것이라고 이야기할 수는 없다.

BI는 개략적으로 "브랜드가 지향하는 방향"을 의미한다. 최근 들어 BI를 "고객들이 자사의 브랜드를 접했을 때, 고객들의 머릿속에 떠올랐으면 하는 이미지들의 집합 즉, 목표 이미지들의 집합"으로 규정하는 견해가 주류를 이루고 있다.

BI를 논할 때 반드시 등장하는 용어가 있다. 바로 BI시스템(BIS, Brand Identity System)인데, 이는 BI의 구성 요소와 구성 요소들의 내용을 정리한 것으로, 체계적으로 BI를 관리하기 위해 존재한다. BI의 구성 요소에 대해서는 견해가 약간씩 다른데, 이 책에서는 모든 사람이 BI 시스템을 논할 때 반드시 포함시키는 브랜드 코어 아이덴티티(Brand Core Identity, 이하 코어 아이덴티티로 표기)와 브랜드 퍼스낼리티(Brand Personality, 이하 퍼스낼리티로 표기)에 대해 살펴보겠다.

코어 아이덴티티는 브랜드가 고객에게 제공할 것을 약속하는 하나 혹은 두세 개의 키워드를 의미하는데, 브랜드 컨셉(Brand Concept)과 거의 동일한 개념이다. 코어 아이덴티티의 예를 들자면, 우리나라 기업 중 브랜딩에 있어서 선두주자라고 할 수 있는 현대카드의 코어 아이덴티티는 처음에는 Flexible, Bold, Witty였다가 얼마 전에 Bold, Insightful, Witty로 바뀌었는데, 현대카드 DIVE 'Over The Record' 강연 영상을 보면 보다 자세한 내용을 알 수 있다.

코어 아이덴티티를 결정하는 것이 브랜딩의 출발점이라고 말할 수 있다. 이는 경영전략에서 말하는 '기업의 목적'을 근간으로 도출되어야 한다. 이에 대해서는 뒤에 나오는 '브랜딩과 경영전략'에서 좀 더 자세하게 다루도록 하겠다.

퍼스낼리티는 브랜드 분야 최고 석학인 데이비드 아커(David Allen Aaker, 1938~)가 주로 사용했던 용어로 어떤 브랜드를 사람으로 표현할 때, 그 사람의 성격 또는 개성에 해당하는 개념이다. 즉, 퍼스낼리티는 인간적 특성을 빌려 브랜드를 설명한 것으로, 짧게 브랜드의 의인화(擬人化)된 이미지라고 이야기할 수 있다. 퍼스낼리티는 코어 아이덴티티를 기반으로 설정되는데, 코어 아이덴티티에 사람 냄새를 살짝 입혀서 브랜드의 매력도를 올리는 요소로서의 역할을 수행하게 한 것이다. 시간이 지날수록 기능적 차별화가 어려워

가장 낮은 마케팅 이야기

지는 상황에서 퍼스낼리티의 중요성이 점점 커지고 있는 것은 자연스러운 현상이다.

대표적인 퍼스낼리티의 예를 들면 '카리스마 넘치는', '친근한', '재미있는' 등이 있는데, 애플의 퍼스낼리티는 '카리스마 넘치는'에 가깝고, '재미있는'은 영국의 버진 그룹(Virgin Group)의 퍼스낼리티 중 하나다.

ESG 경영과 브랜딩

최근의 화두로 부상한 ESG(Environmental, Social & Governance) 경영은 지금까지의 재무적 성과를 중시하는 경영에서 탈피해 기업의 사회적 책임을 강조하는 경영으로의 전환을 의미한다. 이러한 경영 방향의 시대적 전환은 2010년 이후 가속화되고 있는 IT 환경의 혁신적 변화와 무관하지 않다.

통신 인프라의 비약적 발전과 소셜 미디어의 일상화는 개인과 집단(기업, 정부, 공공기관 등) 간의 '정보의 비대칭성 문제'를 어느 정도 해결해 주었다. 소비자와 기업의 관계에 있어서, 과거에는 소비자들이 기업에서 발신하는 정보를 수동적으로 수용할 수밖에 없었지만, 현재는 적극적으로 정보를 유통하고 더 나아가 자신의 경험 또는 주변 사람들의 경험을 바탕으로 정보를 발신하는 주체로 우뚝 서게 되었다. 즉, 과거 '기업=정보 발신자, 소비자=정보 수신자'의 일방적인 관계가 깨지고, 소비자들도 정보 주권을 가질 수 있게 된 것이다. 기업의 광고, 홍보를 통해 제공되는 일방적인 메시지에 휘둘리던 소비의 시대는 저물고, 소비자들이 매의 눈으로 기업의 '진정성'을 감시하고 평가하는 능동적 소비의 시대가 도래했다.

이렇게 IT로 무장하고 정보 주권을 획득한 소비자들은 시대 정신을 반영해 주주(Shareholder)뿐만 아니라 이해관계자(Stakeholder, 주주, 소비자, 종업원, 협력사, 지역 사회, 국가 등)에게도 진정성을 가지고 다가오는 착한 기업을 선호한다. 즉, 소비자들은 사회적 책임을 다하는 기업이 제공하는 제품/서비스에 관심을 가지게 되었다. 이렇게 기업에 대한 고객들의 기대가 변화하는 상황에서, 고객과의 관계에 초점을 맞추고 있는 브랜딩에 있어서도 ESG의 정신을 품으려는 기업들이 많아지고 있다.

ESG 경영을 브랜딩에 접목해 성공의 가도를 날리고 있는 가장 대표적인 기업으로는 친환경 아웃도어 의류를 만드는 '파타고니아(Patagonia)'를 꼽을 수 있다. '파타고니아'는 ESG 경영이라는 개념이 나오기도 전인 2007년에 이미 포춘(Fortune)지가 세계에서 가장 쿨(Cool)한 기업으로 선정하기도 했다.

'파타고니아'의 ESG 경영과 브랜딩에 대해서는 기발하고 흥미롭고 감동적인 이야기들이 많다. 우리나라에서도 번역 출간된, '파타고니아'의 창업자 이본 쉬나드(Yvon Chouinard, 1938~)의 책《파타고니아, 파도가 칠 때는 서핑을》의 표지에 적혀 있는 "지구가 목적, 사업은 수단"이라는 구절은 '파타고니아'가 추구하는 가치를 함축적으로 시사하고 있다.

이본 쉬나드는 그동안 양립(兩立)이 불가능하다고 여겨졌던 '사업적 성공'과 '환경 보호'라는 두 가지 목표를 성공적으로 달성함으로써 환경을 생각하는 많은 이들에게 희망의 빛을 선사했다. 최근 이본 쉬나드는 자신과 가족이 소유하고 있던 4조 원에 달하는 회사 지분 100%를 환경 관련 비영리단체에 기부해 세상을 깜짝 놀라게 했다. 그의 이러한 결단에 대해서는 새로운 자본주의의 길을 제시했다는 극찬의 목소리가 나오기도 했다.

이본 쉬나드는 우리나라와도 인연이 깊은 인물로서 1960년대 초반 주한 미군으로 2년 정도 서울에서 근무한 경험이 있다. 서울 근무 당시 그는 북한산 인수봉을 자주 오르며 자신의 등산 루트를 개척했고, 그가 개척한 등산로는 '취나드 A코스' '취나드 B코스'라 불리며 지금도 많은 암벽 등반가들이 그 길을 따라 인수봉에 오르고 있다. 그는 1960년 당시 서울에서 제대로 된 등산 장비를 구할 수 없게 되자 대장간에서 손수 장비를 만들기도 했는데, 이를 계기로 서울 근무 이후 미국으로 돌아가서는 아예 등반 장비 회사를 차렸고, 1973년에는 아웃도어 용품 전체를 아우르는 '파타고니아'를 설립해, 요즘 말로 '덕업일치'를 이루며 커다란 성공을 거둔 대표적인 인물이 되었다.

기업의 본질은 이윤 추구라는 사실은 부정할 수 없지만, 우리는 주주, 소비자, 종업원, 지역 사회, 국가에 의미 있는 브랜드가 되어야 소비자들의 선택을 많이 받을 수 있는 멋진 세상에 살고 있다.

브랜딩과 경영전략

경영전략이라는 단어를 들으면 많은 사람들은 마이클 포터 (Michael Eugene Porter, 1947~) 교수를 떠올리겠지만, 여기에서는 포터 교수보다 더 따끈따끈한 신시아 몽고메리(Cynthia A. Montgomery, 1952~) 교수에 대한 이야기를 소개하고자 한다.

몽고메리 교수는 경영전략의 출발점은 비전(Vision), 미션 (Mission) 그리고 핵심가치(Core Value)로 구성된 기업의 '가치체계' 를 정립하는 데 있는데, 특히 기업의 '목적(Purpose)'을 정립하는 것이 핵심이라고 이야기한다. 여기에서 '목적'이란 "기업의 존재 이유, 고객들의 Unmet Needs를 충족시키기 위해 고객들에게 제공하는 차별화된 가치" 등을 의미한다. 그녀는 자신의 저서인《당신은 전략 가입니까?》에서 경영전략의 모든 개념은 '목적'에서 비롯되며, 강력하고 훌륭한 '목적'을 갖추는 것이 성공의 필요조건이라고 강하게 주장하고 있다. 이 책에는 세계 유수 기업들의 '목적'이 다음과 같이 예시되어 있다.

- 구찌의 목적: 유행 선도, 높은 품질, 바람직한 가격
- 나이키의 목적: 세계의 모든 운동선수에게 영감과 혁신을 가져다 준다.
- 구글의 목적: 점점 많아지고 있는 새로운 사이트에서 더욱더 효율적인 방식으로 빠르고 훌륭하게 온라인 검색을 할 수 있는 방법을 모

색한다.

- BMW그룹의 목적: 그룹 내 브랜드와 관련된 모든 세분화된 시장에서 최고의 수준과 뛰어난 품질에만 집중하는 유일한 자동차 & 오토바이 제조업체이다.

그러면 기업의 '목적'과 브랜딩은 어떻게 연결되는 것일까? 한마디로 말해서 브랜딩은 기업의 '목적'에서 말하는 자사만이 제공할 수 있는 가치를 고객의 인식 상에 남기는 역할을 주로 수행한다. 이는 기업의 '목적'이 먼저 정립된 후에, 이와 정렬되게끔(aligned) BI 시스템의 코어 아이덴티티와 퍼스낼리티 등이 정해져야 한다는 의미다. '목적'이 잘못 세팅되면 브랜딩의 기초도 흔들릴 수밖에 없다. 따라서 브랜딩은 마케팅 부서에서 전담하는 일이 아니라, CEO와 경영전략 담당 부서의 역량 투입과 헌신이 절실하게 요구되는 일이다. 결국 경영전략 관점에서 보면 브랜딩이란 기업의 '목적'을 고객의 언어로 풀어서 고객들에게 잘 전달하고 고객들을 설득시키는 과정이라고 정리할 수 있다.

성공적인 브랜딩을 위한 조건과 원칙

마케터에게 가장 큰 영예는 무엇일까? 자신이 관여한 브랜드가 오랫동안 사랑을 받는 것이 아닐까? 이처럼 성공적인 브랜딩을 가능하게 하는 조건과 원칙 등을 살펴보면 아래와 같이 정리해 볼 수 있다.

명확하고 차별적인 지향점

브랜딩의 출발점인 BI는 임직원들에게는 브랜드의 지향점을 알려주고, 고객들에게는 브랜드가 제공하고자 하는 차별적 가치에 대한 약속을 의미한다. 브랜드의 지향점이 흐릿하면 고객 입장에서 특화된 매력이 있는 브랜드로 자리 잡기 어렵고, 이를 준거로 작업이 이루어지는 대고객 커뮤니케이션, 상품 전략, 유통 전략 등 전반적인 마케팅 활동에 혼선을 초래하기 마련이다. 물에 물 탄 듯, 술에 술 탄 듯 주관 없이 왔다 갔다 하는 사람에게 좋은 성과를 기대하기 어렵고, 자신만의 뚜렷한 개성이 없으면 세상 사람들의 주목을 받기 어려운 것과 같은 이치다.

세계 최대의 브랜딩 컨설팅 그룹인 '인터브랜드'는 자신들의 수많은 브랜딩 관련 컨설팅 경험을 바탕으로 브랜드 가치가 높은 기업에는 그 브랜드만이 가지고 있는 명확한 정체성이 존재한다고 밝힌 바가 있다.

CEO에서 현장까지의 정렬성 Top to Bottom Alignment

내부 혼란을 막고 고객들에게 진정성을 인정받기 위해서 BI는 CEO부터 현장 직원까지, 또한 BI를 구체적으로 기술하고 있는 브랜드 헌장(Brand Charter)부터 대고객 커뮤니케이션, 상품, 유통망, 고객 접점(MOT)까지 같은 방향으로 정렬되어야 한다. 고객을 최우선으로 하는 브랜드가 되겠다고 선언하고서, 콜 센터 상담원과 전화 연결이 어려우면 고객들은 그 브랜드의 진정성을 의심할 수밖에 없게 된다.

BI의 정렬성을 실현하고 유지하기 위해서는 CEO의 헌신 (Commitment)과 임직원들을 대상으로 하는 심도 있는 교육이 필요하다. 또한 고객 접점 부서의 직원들을 위해서 완성도 높은 브랜드 핸드북(또는 브랜드 매뉴얼)이 반드시 필요하다. 브랜드 핸드북의 완성도는 그 기업의 브랜딩 능력을 보여주는 대표적인 척도이다. 어느 CEO께서는 임원 방에 걸려 있는 그림도 BI의 정렬 대상이 될 수 있다는, 농담 같지만 새겨들을 만한 말씀을 하셨다. 앞의 '브랜딩과 경영전략'에서 언급했듯이 브랜딩의 최종 책임자는 마케팅부서의 '장(Head)'이 아니라 CEO다.

진정성

고객들로부터 진정성을 인정받지 못하는 브랜드는 살아남기 어렵고 시간이 흐를수록 진정성의 중요도는 커지고 있다. 말과 행동이 일치하지 않아 진정성이 의심될 경우, 이 사실은 과거와는 달리 실시간으로 세상에 퍼지게 되어 있다.

브래드의 진정성을 인정받기 위해서는, 고객들에게 그 브랜드가 약속한 차별적 가치를 끊임없이 제공하고 있다는 인식을 심어 주어야 한다. 광고 그리고 상품, 고객서비스, 고객 대상 프로모션, 고객 접점에서의 응대, 사회공헌활동 등을 통해 말뿐만 아니라 행동으로 고객과의 약속을 이행하고 있다는 것을 지속적으로 알려야 한다. 브랜드는 고객과의 약속을 지키고 있다는 증거(evidence)를 먹고 자라기 때문이다.

일관된 지속성

고객들로부터 브랜드의 진정성을 인정받는 데에는 오랜 시간이 필요하다. 세상에는 '저를 봐 주세요' 하는 브랜드가 점점 더 많아지고 있기 때문에, 최소 2~3년 정도의 일관된 모습을 보여야 고객들은 그 브랜드에 관심을 갖기 시작한다.

일관된 지속성을 추구하는 과정에서 가장 경계해야 하는 일은 CEO의 교체에 따라 BI가 변경되거나 브랜드 자체가 변경되는 것이다. 최고 의사결정권자가 바뀌면 새로운 시도를 해보고 싶은 것이 인지상정이긴 하나, 브랜딩에 대한 급격한 변화는 그동안의 투자를 허공에 날리고 고개들에게 혼란을 초래하기 마련이다.

오랫동안 고객의 사랑을 듬뿍 받는 브랜드는, 시대가 바뀌면서 약간의 수정 또는 변경은 있을 수 있지만 수십 년 이상 BI가 흔들린 적이 없다. 맥도날드(McDonald's)의 브랜드 컨셉인 QSC&V(Quick, Service, Clean and Value)는 60년 이상 지속되고 있고, 3점식 안전벨트를 개발한 볼보(Volvo)의 '안전'에 대한 집착도 수십 년째 이어지고 있다. 마케팅의 출발점은 BI의 정립이고, 마케팅의 장기적 성패는 BI의 일관성과 지속성에 달려 있다.

효과 측정과 개선 사이클링

브랜딩은 일회성 작업이 아니다. 브랜딩 활동의 효과를 끊임없이 측정하고 약한 부분을 개선하는 작업을 주기적으로 반복해야 한다. 브랜드의 근간(철학, 지향점 등)은 브랜드가 폐기될 때까지 바뀌지 않아야 하지만, 시간의 흐름에 따라 시장 여건, 시대 정신 등의 외부 환경이 변화되었을 때는 이에 부합되도록 미세 조정(fine tuning)을 해야 한다.

브랜딩은 어린아이를 심적(心的), 지적(知的), 육체적(肉體的)으로 성숙한 성인으로 키워 내는 것과 동일한 과정을 밟는다. 주기적으로 상태를 정확하게 체크해 미진한 부분을 찾아내고 이를 보완하는 사이클을 반복해야 고객들에게 사랑받는 브랜드로 성장할 수 있다.

3

코즈 마케팅

코즈 마케팅(Cause Marketing)이란 사회적 문제 해결과 같은 공익(公益)과 이윤 추구와 같은 사익(私益)을 동시에 얻는 것을 목표로 하는 마케팅을 의미한다. 냉정하게 이야기하면 기업이 마케팅 효과를 제고하기 위해 사회적 이슈를 자사의 브랜드에 전략적으로 연계하는 활동이라고 할 수 있다.

여기서 Cause는 우리말로 대의(大義)라고 번역되는데, 사람으로서 마땅히 지키고 행해야 할 도리를 뜻한다. 즉 이웃들과 더불어 살기 위한 사회 규범의 준수는 물론, 전체 사회 공통의 문제를 해결하기 위한 노력, 사회적 약자에 대한 배려와 도움 등 지속 가능한 사회를 만들기 위해 사회 구성원으로서 가져야 하는 태도를 의미한다.

통상적으로 미국 신용카드 업체인 아메리칸 익스프레스(American Express)가 1984년 시행한 '자유의 여신상 복원 프로젝트'가 코즈 마케팅 최초의 사례로 알려져 있지만, 코즈 마케팅의 시작은 이보다 200년 앞서는 18세기 말로 거슬러 올라간다.

'착한 소비'를 비즈니스와 어떻게 연결할 것인가를 주제로 쓴 책《코즈 마케팅》(전재호, 전병길 공저)에는 영국에서 여왕의 도자기(Queens Ware)라고 불리는 명품 도자기인 웨지우드(Wedgewood)를 만든 조사이어 웨지우드(Josiah Wedgewood)의 노예제 반대 운동의 사례가 기술되어 있다. 웨지우드는 그의 나이 57세인 1787년부터 그가 사망할 때까지 노예제 반대 운동에 적극 참여했는데, 웨지우드는 노예제 반대 운동 단체의 엠블럼을 만들기도 했다. 쇠사슬에 묶인 노예가 무릎을 꿇은 채 "Am I not a man and a brother?"라는 문구가 새겨진 엠블럼은 그 당시 노예제 반대 운동의 상징이 되었고, 머리핀, 브로치 등 각종 패션 액세서리로 제작되어 널리 보급되면서, 노예제 반대 운동이 세상에 알려지고 호응을 얻는 데에 큰 기여를 했다.

이렇게 역사가 오래된 코즈 마케팅이 최근 들어 각광을 받는 이유는 무엇일까?

첫째, 시간이 흐를수록 가치를 소비하는 경향이 뚜렷해지고 있기 때문이다. 다른 말로는 '깨어 있는 소비자(Conscious Consumer)'가 점점 많아지고 있다고 표현할 수 있다. 핵심 기술의 보편화로 인해 품질의 차별화가 어려워짐에 따라 고객들은 제품 중심적 관점에서 벗어나 소비를 통해 얻을 수 있는 의미나 가치에 점점 더 관심을 갖게 되었다. 즉, 어떤 브랜드를 선택하든 고객의 기능적 필요성이 적정 수준 이상으로 충족될 수 있는 환경이 되어, 고객들은 자신의 정체성을 만족시켜 주는 소비에 주목하게 되었다.

MZ세대들의 신조어에 '미닝 아웃(Meaning Out)'이라는 말이 있

웨지우드가 디자인한 노예제 반대 엠블럼

다. 자신의 신념을 뜻하는 Meaning과 그것을 적극적으로 세상에 알
린다는 의미의 Out이 결합된 단어로, 소비 활동을 통해 자신의 신
념과 가치관을 표현하겠다는 MZ세대다운 소비 트렌드를 뜻하는데,
사회적으로 의미 있는 소비를 지향한다는 가치가 담겨 있다.

MZ세대들은 환경 보호를 위해 재활용 제품을 적극적으로 사용
하고 이를 SNS를 통해 공유하며, 사회 정의를 세운 기업이나 개인
을 대상으로 소위 '돈쭐'을 내주기도 한다. 이러한 현상은 소비자들
도 이제는 사회 공동체에 도움이 되는 소비가 우리가 살고 있는 체
제의 지속 가능성을 높인다는 것을 이해하고 있다는 것을 의미한다.
참고로 2022년 한 해 동안 우리나라 사람들이 포털 사이트 구글에

서 가장 많이 검색한 단어는 '기후 변화'다.

대문호인 도스토예프스키(Dostoevskii, 1821~1881)는 "사람에게 가장 가혹한 형벌은 전혀 무익하고 무의미한 일들을 하게 하는 것이다"라는 말을 남겼는데, 이는 사람들은 의미 있는 일을 하는 데에서 삶의 가치를 찾는다는 뜻이다.

둘째, 환경 문제와 경제적 양극화 문제와 같은 사회적 문제는 더 이상 인류를 위협하는 수준의 문제가 아니라 인류 생존의 지속 가능성을 좌우하는 결정적인 이슈가 되었다는 주장은 코즈 마케팅에 더 힘을 실어 주고 있다.

생물학, 지리학, 인류학, 역사학 등 다양한 학문의 융합을 통해 장대한 인류사를 풀어내며 오늘날 현대 세계가 불평등한 원인을 종합 규명한 재레드 다이아몬드(Jared Mason Diamond, 1937~)는 그의 책《문명의 붕괴》에서 "역사상 처음으로 우리는 전 세계의 붕괴라는 가능성에 직면하고 있다. 우리가 지속 가능하지 않은 방향을 계속 고집한다면 세계의 환경 문제는 우리 자식들이 세상을 떠나기 전에 어떤 형태로든 결론이 날 것이다. 바람직한 방향으로 해결되느냐, 아니면 전쟁, 대량 학살, 아사, 전염병, 사회의 붕괴 등 바람직하지 않은 방향으로 해결되느냐가 문제일 뿐이다"라고 현재 상황의 심각성에 대해 일갈했다. 필자가 다이아몬드의 주장을 처음 접했을 때 그의 주장이 방향성은 맞으나 시기에 대해서는 다소 과장된 면이 있다고 생각했다. 그러나 시간이 지날수록 그의 주장이 타당하다는 쪽으로 기울었다.

셋째, 환경 문제와 경제적 양극화 문제 등 사회적 문제를 해결하지 않고서는 인류의 생존이 담보될 수 없기 때문에, 시간이 흐를수록 기업의 ESG 경영에 대한 사회적 요구 수준이 높아질 수밖에 없는 상황이 되었고, 이러한 상황에서 기업들은 코즈 마케팅을 기업의 생존에 필수적인 수단으로 인식하기 시작했다.

우리나라의 경우 자산 총액이 2조 원이 넘는 상장기업은 2022년부터 환경정보 공개가 의무화되었다. 공개되는 환경정보에는 에너지, 온실가스, 용수, 대기 오염 물질, 수질 오염 물질, 폐기물 등에 대한 배출량이나 발생량 정보가 담겨 있다. 이어서 2025년부터는 ESG 공시 의무화가 단계적으로 추진될 예정인데, 이는 ESG 활동과 성과를 측정해 시장에 공개하는 것을 의미한다. 여기에 더해 일각에서는 ESG 관련 사항을 재무제표에 정식으로 기재하는 소위 'ESG 재무제표' 도입에 대한 논의가 진행되고 있는 실정이다. 이와 같은 ESG 경영의 대세화는 코즈 마케팅의 수요를 촉발시키는 중요한 요인이 되었다.

코즈 마케팅 사례

코즈 마케팅은 크게 자선(charity), 기부(donation), 봉사 활동 등의 선행을 통해 기업의 이윤을 사회에 환원하는 '기업의 사회적 책임(CSR, Corporate Social Responsibility)' 유형과 기업의 비즈니스 기회와 공동체의 사회적 요구가 만나는 지점에서 가치를 창출해 경제적 이익과 사회적 가치를 동시에 창출하는 '공유 가치 창출(CSV, Creating Shared Value) 유형으로 나눌 수 있다. 특히 CSV 유형의 코즈 마케팅은 마케팅보다는 사업 모델(Business Model)에 더욱 가까운 개념으로 제품의 기능적 편익을 중시하던 시대에는 성립하기 어려운 사업 모델이었으나, 소비를 통한 가치(자아 표현적 편익) 실현이라는 소비 트렌드가 형성되면서 각광을 받기 시작했다. CSV 유형의 코즈 마케팅을 적극적이고 지속적으로 추구함으로써 현재 명품 반열에 오른 브랜드가 탄생하기도 했다. 각 유형별 코즈 마케팅 사례를 소개하면 다음과 같다.

CSR형 코즈 마케팅 - 1) IBM의 월드 커뮤니티 그리드

IBM은 20세기 최고의 IT기업이자 빅테크의 원조라고 할 수 있는데, 대체 불가능한 메인 프레임과 개인용 PC로 1980년대까지 IBM은 IT 업계를 호령하며 영원히 해가 지지 않는 컴퓨터 제국으로 불렸다. 그러나 과거의 성공에 안주하는 관료적 기업문화, 강력한 대체재의 등장 이후 1990년대 초반 IBM은 창사 이래 처음으로 대규모 적자가 지속되는 커다란 위기를 맞게 된다. 이러한 위기의 순간, IBM 최초의 외부 출신 CEO인 루 거스너(Louis V. Gerstner, 1942년~)가 구원투수로 등장하는데, 그는 IBM을 '솔루션 회사'로 변신시키며 IBM 부활의 주인공이라는 칭송을 받게 된다.

루 거스너의 뒤를 이어 2002년 IBM 영업 사원 출신의 팔미사노(Samuel J. Palmisano, 1951년~)가 IBM의 CEO로 선임되었다. 팔미사노는 특유의 저돌적 추진력과 혁신 마인드로 IBM의 주가를 4배로 띄우는 등 2000년대 초반 IBM의 부흥을 주도했다. 그는 IBM CEO 취임 첫해인 2002년 '온 디맨드(On Demand)' 개념을 발표하고 이를 IBM의 핵심 비즈니스 전략으로 꾸준히 추진했다.

팔미사노가 주창한 온 디맨드 개념은 "고객이 원하는 때에, 원하는 서비스를, 원하는 만큼" 제공할 수 있도록 준비가 되어 있어야 한다는 것이 골자였는데, 이 개념은 현재 IT 분야의 키워드인 클라우드 컴퓨팅(Cloud Computing) 탄생의 기본 개념이 되었다. 플랫폼사업자 전성시대인 요즈음 '온 디맨드'는 이미 우리 일상의 일부가 되었지만, 2000년대 초반만 해도 팔미사노가 발표한 '온 디맨드' 개념은 상당히 신선했고 많은 주목을 받았다.

팔미사노가 IBM의 사령탑이었던 시절, IBM은 온 디맨드 컴퓨팅의 핵심 기술인 그리드 컴퓨팅(Grid Computing) 기술을 확보해 이를 적극적으로 활용했는데, 그리드 컴퓨팅은 지리적으로 분산된 컴퓨터 시스템, 저장 장치 및 데이터 베이스 등의 자원을 원거리 통신망을 통해 하나로 묶어 가상의 대용량 컴퓨터로 활용할 수 있게 하는 분산 컴퓨팅 모델을 의미한다. 회사 내부의 컴퓨터 자원뿐만 아니라 타 회사의 컴퓨터 자원도 연결할 수 있고 심지어 가정용 PC까지 연결이 가능하다.

IBM의 WCG(WCG, World Community Grid)는 자발적 기부에 의해 얻어진 유휴 컴퓨팅 자원들을 IBM의 첨단 그리드 컴퓨팅 기술로 연결해 세계에서 가장 큰 컴퓨팅 네트워크를 만들고, 이를 활용해 인류의 공영과 지속 발전에 위협을 주는 난치병(AIDS, 알츠하이머, 암 등), 식량 부족, 환경 오염, 기후 변화와 같은 문제들을 해결하는 것을 목적으로 하는 프로젝트로 2004년 IBM의 주도로 시작되었다. 특히 2005년에 시작된 FightAIDS@Home 캠페인을 통해 AIDS 신약 검증 분야에서 두드러진 성과를 보였다.

AIDS 신약 개발 분야 이외에도 뎅기열 치료제 개발, 쌀 품종 개량, 청정 에너지, 아프리카 기후 예측 등 인류 전체의 공익에 도움을 줄 수 있는 분야에서 많은 성과를 냈는데, 시작한 지 20년 가까운 세월이 흐른 지금 이 시점에서도 WCG는 활발하게 진행되고 있다.

IBM은 WCG를 기업의 이미지 제고뿐만 아니라 영업에도 활용하고 있다. IBM 영업 사원들은 고객들과 만나면서 WCG의 사회적 의미뿐만 아니라 WCG의 기술적 완성도를 짧고 명확하게 설명하는데, 이를 통해 고객들은 IBM 브랜드에 대해 긍정적인 이미지를 갖게 되고 기술력에 대한 믿음이 생기게 된다.

WCG는 그간의 성과만으로도 찬사를 받아야 마땅하지만, 마케팅적으로는 자사의 비즈니스의 본질과 직접적으로 연관된 아이템을 활용해 자사의 비즈니스에 기여했다는 점과 전 세계 네티즌들의 자발적 참여를 이끌어냈다는 점에서 상당히 성공적인 코즈 마케팅 사례로 손꼽힌다.

CSR형 코즈 마케팅 – 2) 유한킴벌리의 "우리 강산 푸르게 푸르게"

"우리 강산 푸르게 푸르게"라는 문구는 대한민국 국민이라면 누구나 한 번쯤 들어본, 너무나 유명한 문구다. '우리 강산 푸르게 푸르게(이하 '우푸푸') 캠페인'은 유한킴벌리에서 1984년 시작해 지금도 활발하게 운영되는 40년 가까운 역사를 가진 대한민국 최장 코즈 마케팅 프로그램이다.

많은 사람에게 세계 최초의 코즈 마케팅 사례로 알려진 미국 아메리칸 익스프레스 카드의 '자유의 여신상 복원 프로젝트'가 시작(1983년)된 지 불과 1년 뒤에 '우푸푸 캠페인'이 시작되었고, 그 시절 우리나라의 1인당 국민소득이 2,000달러 수준임을 감안하면, 유한킴벌리의 '우푸푸 캠페인'의 선진성은 전 세계적으로 최고의 수준이라고 말할 수 있다. (앞에서 살펴보았듯이 세계 최초의 코즈 마케팅은 18세기 말 웨지우드의 '노예제 반대 운동 캠페인'이다.) 또한 수차례 회사의 대표가 바뀌어도 40년 가까이 일관성을 유지함으로써 축적의 힘을 극대화한, 대표적인 대한민국의 코즈 마케팅 사례라고 말할 수 있다.

유한킴벌리는 사실 환경에 해를 끼칠 수밖에 없는 비즈니스 모델을 가진 회사이다. 유한킴벌리의 많은 제품이 나무를 잘게 부수어 만든 펄프를 주원료로 사용하기 때문에 유한킴벌리는 환경을 파괴하는 나쁜 기업이라는 꼬리표가 붙을 수 있었다. 그러나 그 누구보다도 먼저 시작한 '우푸푸 캠페인'의 영향으로 유한킴벌리는 우리나라의 숲을 지키는 착한 기업으로 포지셔닝되어 있다.

유한킴벌리는 매출액의 일정 부분을 숲 가꾸기에 투입해 1984년부터 지금까지 약 5,400만 그루의 나무를 심었는데, '우푸푸 캠페

'우리 강산 푸르게 푸르게'
캠페인 광고

인'을 통해 자신의 약점으로 공격받을 수 있는 부분을 오히려 장점
으로 승화시키는 놀라운 마술을 보여줬다.

CSV형 코즈 마케팅 사례

CSV를 논하면 꼭 언급해야 할 회사가 있다. 바로 네슬레(Nestle)
다. 네슬레는 CSV라는 용어가 생기기 전인 2010년부터 '네스카페
플랜(Nescafe Plan)'을 시작해 커피 농가를 도우며 자신의 비즈니스
경쟁력도 올리는 윈윈(Win-Win)의 모델을 세상에 선보였다.

네슬레는 1900년대 말 사업을 확장하는 과정에서 제3세계의 이
해관계자들에게 피해를 끼쳤다는 오명을 쓰고 있었다. 팜유 확보를
위해 밀림을 파괴했다든가, 코코아 수확을 위해 어린이들의 노동력

을 착취했다는 의혹 등으로 네슬레는 국제적인 비난을 받고 있었는데, 네슬레는 이러한 위기상황을 돌파하는 카드로 '네스카페 플랜'을 꺼내 들었다.

'네스카페 플랜'에는 여러 가지 내용이 있으나, 핵심은 커피 농가의 소득 증대를 위해 커피 농부들을 대상으로 친환경 선진 농업 기술을 전수하고, 네슬레는 그들이 재배한 우수한 품질의 친환경 커피 원두를 구매하는 것이다.

네슬레는 '네스카페 플랜'을 통해 '탕자'에서 '성자'로 거듭났다. 최근에는 재생 농업 추진, 온실가스 감축, 농민 생활 개선을 주 내용으로 하는 '2030 네스카페 플랜'을 발표하기도 했다.

CSV를 추구하는 기업으로 최근에 가장 좋은 성과를 내는 기업으로는 단연 프라이탁(Freitag)을 들 수 있다. 프라이탁은 1993년도에 스위스 취리히 출신의 프라이탁 형제가 비가 와도 젖지 않는 튼튼한 메신저백(Messenger Bag)을 만들면서 시작되었다.

이들은 화물 트럭의 방수 덮개 천, 자전거 고무 튜브와 자동차 안전벨트 등 재활용 소재를 이용해 메신저백을 만들었는데, 초창기 자전거를 즐겨 타는 젊은이들 사이에서 큰 인기를 끌며 세상에 알려지기 시작했다. 프라이탁은 그 소재의 독특성으로 화제가 되었지만, 기능성과 디자인 측면에서도 최상급의 수준을 보이며 리디자인 (Redesign) 계의 명품으로 우뚝 섰다.

프라이탁은 2000년대 초반부터 유럽의 의식 있는 젊은이들의 필수템으로 자리를 잡았다. 한국에는 2011년에 처음으로 매장을 열었는데, 젊은이들의 왕래가 많은 지역에 위치한 매장에는 대기 줄이 있을 정도로 핫한 브랜드로 부상했다. 프라이탁 가방은 소위 대한민국의 '인싸'들이라면 하나쯤은 가지고 있어야 하는 필수 아이템으로 자리를 잡았다.

프라이탁 가방의 가격은 스몰 사이즈가 20만 원 후반대이고 큰 가방의 경우 50만 원에 가깝다. 국내 리디자인 가방 브랜드의 최고가 제품이 20만 원 정도인 것을 감안하면 상대적으로 비싼 편이다. 이렇게 고가 전략을 쓰면서도 매년 승승장구하는 것은 프라이탁이 독특한 발상으로 품질과 개성 그리고 착한 소비라는 세 가지 키워드를 모두 만족시키며 자아 표현적 편익을 제공하는 브랜드로 자리 잡아 가고 있기 때문이다. 즉, 고객들이 프라이탁이라는 브랜드에 자기 자신을 투영하는 수준으로 향해가고 있다는 뜻이다.

자아 표현적 편익을 주는 대표적인 브랜드로는 할리 데이비슨과 애플을 들 수 있다. 이들 브랜드는 팬덤(fandom)을 의미하는 소위 '자발적 빠'들을 몰고 다니는 브랜드다. 프라이탁은 역사나 규모 면에서 할리와 애플에 비할 바는 아니지만, 시대정신(Zeitgeist)을 잘 읽고 '공유 가치'를 브랜드가 제공하는 자아 표현적 편익으로 잘 포장해 팬덤 층을 형성한 아이콘 브랜드(Icon Brand)의 경지에 올랐다.

국내에서도 리디자인 제품으로 MZ세대의 사랑을 받는 브랜드들이 있다. 컷더트래쉬(CUTTHETRASH)는 해양 쓰레기의 25%를 차지하는 폐그물을 활용해 가방과 옷 등을 만드는데, 20대의 회사 대표는 패션이라는 수단을 통해 해양 문제를 알리고 싶은 마음으로 컷더트래쉬를 런칭했다고 이야기한다. 한편 플리츠 마마(PLEATS MAMA)는 버려지는 페트병을 활용해 가방과 옷을 만들고 있는데, 독특한 주름 디자인을 채택한 니트 백이 2030 여성들의 사랑을 받고 있다.

실패 사례로 본 코즈 마케팅의 성공 요인

착한 기업, 착한 브랜드임을 표방하는 코즈 마케팅은 언제나 성공하는 것일까? 전혀 그렇지 않다. 직설적으로 이야기하면 자격이 없거나 부족한 상태에서 보편적 가치와 명분을 내세우는 경우 심하게는 불매 운동에 직면할 수 있다.

코즈 마케팅의 실패 사례로 가장 많이 인용되는 것은 2010년 미국 KFC에서 추진한 '버킷 포 더 큐어(Buckets For The Cure) 캠페인'이다. 이 캠페인은 여성을 상징하는 분홍색 핑크색 버킷에 담긴 치킨을 구매하면 버킷 당 50센트의 기부금을 유방암 예방을 위한 단체에 기부하는 형태로 설계되었다. 그러나 소비자들의 호응을 얻기는커녕 오히려 반감만 불거지면서 결국 캠페인은 실패로 돌아가고 말았다. KFC 캠페인이 실패한 이유는 첫째 유방암과 치킨은 서로 맥락이 닿지 않고, 둘째 치킨을 튀길 때 사용되는 트랜스지방이 유방암 발병률을 높인다는 점이 꼽혔다.

감성 마케팅, 굿즈 마케팅 등으로 마케팅의 교과서로 알려진 스타벅스도 야심차게 추진하던 코즈 마케팅 캠페인을 불과 1주일 만에 접은 뼈아픈 경험이 있다. 스타벅스는 2015년 미국에서 '레이스 투게더(Race Together)'라는 슬로건을 내건 캠페인을 시작했다. 스타벅스의 종업원들은 고객에게 커피를 건네줄 때 종이컵 등의 용기에 '레이스 투게더'라는 문구를 직접 써 주거나 스티커를 붙여 주었고, 고객이 인종차별 문제를 주제로 대화를 원할 경우 스타벅스 종업원과 함께 진지한 대화를 나눌 수 있도록 했다. 스타벅스는 이 캠페인을 위해 석 달간 2천 명 이상의 종업원들에게 인종차별 관련 교육을 실시하는 등 사전에 많은 준비를 했으나, 스타벅스에게 돌아온 것은 고객들과 언론의 냉담한 반응뿐이었다.

고객들은 인종차별과 같은 민감한 문제를 기업의 마케팅 소재로 활용하는 것에 대한 반감을 내비쳤고, 가볍게 커피 한 잔 마시는 동안 진지한 사회적 메시지를 떠올려야 하는 부담을 기피했다. 그 와중에 스타벅스 매장 직원의 40%가 소수 인종인 반면, 총 19명의 스타벅스 임원 중 백인이 아닌 사람이 3명밖에 없다는 기사가 나오면서 스타벅스의 착한 척한 마케팅은 여론의 뭇매를 맞으며 그 끝을 알리게 된다.

최근 국내에서도 선한 의도로 시작한 캠페인이 고객들의 반발로 시작하자마자 중단된 사례가 있다. 바로 배달의 민족(이하 '배민')이 2021년에 추진한 '고마워요 키트 캠페인'인데, 이 캠페인은 시작한 지 6시간 만에 막을 내렸다.

'고마워요 키트'는 간식 가방으로, 소비자가 음료나 간식을 넣어 배달 기사에게 고마움을 전달하라는 취지로 배민이 제작해 고객 3

천 명에게 나눠 주었는데, 이에 대한 고객들의 반응은 냉랭했다. 게다가 이 캠페인의 수혜자로 여겨지는 배달 기사들도 이 캠페인에 대해 거부감을 표시했는데, 고객들은 배민이 부담해야 하는 배달 기사의 복지를 고객에게 떠넘긴다고 반발했고, 배달 기사들은 모욕감을 느낀다고 불만을 토로했다. 이렇게 고객과 배달 기사 모두 불만족을 강하게 표시하자 이 캠페인을 추진했던 배민에서는 빛의 속도로 캠페인의 중단을 선언하고 말았다.

여기서 짚고 넘어가야 하는 것이 한 가지 있다. 유한 킴벌리의 제품도 환경을 파괴하면서 생산되는데, 왜 유한 킴벌리의 '우푸푸 캠페인'은 성공적으로 지금까지 진행이 되고, KFC의 '버킷 포 더 큐어 캠페인'은 실패한 코즈 마케팅의 대표적인 사례가 되었을까? 여기에는 다음과 같은 두 가지 이유가 있다.

첫째, 유한 킴벌리의 '우푸푸 캠페인'은 환경 보호 이슈가 크게 대두되기 이전(1984년)에 시작해, 캠페인 시작 시점에 나무를 원료로 하는 제품을 생산하는 회사가 환경 보호를 외치는 것은 위선적이라는 인식이 넓게 형성되지 않았기 때문이다.

둘째, 유한 킴벌리는 '우푸푸 캠페인'을 40년 가까이 지속적으로 추진하고 있으며, TV 광고를 통해 이를 알리는 등 적극적인 태도를 견지하고 있다. 따라서 환경 보호가 사회적으로 중요한 이슈로 부상한 시점 이후에도 다수의 고객으로부터 진정성을 인정받고 있기 때문이다.

그러면 코즈 마케팅의 성공과 실패를 결정하는 요인은 무엇일까?

첫째, 브랜드와 코즈 마케팅 캠페인 소재의 연관성(relevance)이 높아야 성공 확률이 커진다. 브랜드의 정체성(Identity)에 어울리는 소재를 택하는 것이 코즈 마케팅 성공의 필요 조건이다.

둘째, 고객들에게 진정성을 인정받아야 한다. 단기적인 접근이나 캠페인 내용과 모순되는 행태를 보일 때, 가령 환경에 악영향을 끼치는 제품을 생산하면서도 광고 등을 통해 친환경적인 이미지를 내세우는 '그린워싱(Greenwashing)'이라는 오명을 쓰기 십상이다.

셋째, 한 가지 분야(많아야 두 분야)에 집중해야 한다. 고객들은 여러 가지를 인정하고 기억할 만큼 한가하지 않다. 고객에게 인정받기 위해서는 고객을 번거롭게 해서는 안 된다.

넷째, 캠페인 참여에 따른 경제적 이익이 보장될 경우, 캠페인이 성공할 확률은 커진다.

다섯째, 고객들이 쉽게 참여할 수 있어야 많은 사람의 참여를 유도할 수 있다.

브랜드 홍수의 시대, 헤아릴 수 없이 많은 브랜드 중 당신의 브랜드가 존재감을 가질 수 있는 가장 효율적인 방법은 코즈 마케팅을 통해 '착한 브랜드'로 인정받는 것이라고 감히 말할 수 있다.

4

제휴 마케팅

2023년 4월 삼성전자는 패션쇼 형식을 빌려 신형 청소기의 출시 캠페인인 'The JET Walk'를 진행했다. 패션 모델들이 AI 기능이 탑재된 청소기를 들고 런웨이의 먼지를 닦아 내는 동영상을 소셜 미디어 등을 통해 공개했다. 이때 모델들은 앞의 코즈 마케팅에서 언급한 폐기물 업사이클링 패션 브랜드 컷더트래쉬(CUTTHETRASH)가 폐어구 등 해양 쓰레기를 활용해 제작한 의상을 입고 런웨이에 등장했다. 'The JET Walk'는 2분이 안 되는 짧은 동영상이지만 여기에는 마케팅 측면에서 주목해야 할 몇 가지 의미가 들어 있다.

우선 가전제품의 차별적 기능을 극적으로 시연하기 위해 의류 업체와 협업해 런웨이를 무대로 사용했다는 점이 눈에 띄었다. 모델의 의상은 물론 무대 주변의 장식 등도 재활용품을 사용해 제작했는데, 이는 '환경 보호'라는 컨셉이 이 캠페인의 중심을 잡아주고 있다는 것을 의미한다. 또한 캠페인을 오프라인 패션쇼를 배제하고 온라인으로만 진행한 것도 시의적이라는 평가를 받을 수 있다. 다만 컷더트래쉬가 만든 의상도 수준급이라 삼성전자 제품과의 콜라보

런 웨이에서 신형 청소기 출시를 알린 삼성전자의 'The Jet Walk'

에도 어색함이 없었지만, 청소기에 초점이 맞춰져 영상이 제작된 것은 다소 아쉽게 느껴졌다.

삼성전자와 비교했을 때, 컷더트래쉬는 아주 작은 신생 기업이지만 위용 넘치는 삼성전자의 신제품을 빛나게 해주는 데 손색이 없었다. 컷더트래쉬 입장에서는 삼성전자의 콜라보 파트너였다는 사실 하나만으로도 브랜드의 위상이 몇 단계 수직 상승하는 효과를 얻을 수 있었다. 이처럼 자사 브랜드, 제품, 서비스의 경쟁력 제고에 도움이 되고 서로 상생이 된다면 제휴 마케팅(Partnership Marketing)에 있어서 기업의 규모, 인지도, 업력 등은 고려의 대상이 되지 않는다.

제휴는 인류의 역사와 함께했다. 원시 시대 인간들은 제휴를 통해 무리를 이루어서 인간보다 덩치가 훨씬 큰 매머드와 들소 같은 동물을 사냥할 수 있었다. 삼국지에 나오는 그 유명한 적벽대전도 유비의 군대와 손권 군대 간의 제휴의 산물이며, '결혼'도 일종의 제휴라고 볼 수 있다. 결혼한 남자와 여자는 각자의 역할 분담을 하고 행복한 가정을 만든다는 공동의 목표를 향해 열심히 노력하며 살아간다. 이와 같이 유구한 역사를 가진 제휴는 산업혁명 이후 거대 기업이 탄생하면서 마케팅 분야에서 발전을 거듭했다.

근대 제휴 마케팅의 시초를 알 수는 없지만 1920년대에 이미 신문사가 광고주가 발행하는 쿠폰을 신문에 실어 주고, 이를 통해 광고주는 새로운 고객을 유치하는 제휴 모델이 미국에서 성행했다. 20세기부터 체계적인 모습을 갖추기 시작한 제휴 마케팅은 21세기에 들어 마케팅의 핵심 분야로 자리 잡기 시작했고, 시간이 흐를수록 더욱더 다양한 형태로 진화하며 중요도가 점점 더 커지고 있다.

이렇게 늘 마케팅에서 한 자리를 차지하고 있었던 제휴 마케팅이 시간이 지날수록 그 중요성이 커지는 이유는 무엇일까?

첫째, 고객의 필요와 욕구가 다양해지고 복합화됨에 따라 고객들의 '원스톱 쇼핑(One Stop Shopping)'에 대한 요구가 점점 커지기 때문이다. 고객들은 집 근처에 있는 편의점에서 가벼운 쇼핑을 하며 택배를 보내거나 세금 및 전기료, 수도료 등의 공과금도 내고 싶어 하고, ATM기에서 현금도 인출하고 싶어 한다. 이러한 고객의 복합적인 요구를 특정 기업 자체의 역량만으로 해결하려고 하는 것은 자원 소모적이며 불가능한 일이기 때문이다.

둘째, 고객 욕구의 다양화와 빠른 변화, 기술 혁신에 따른 대체재의 등장 등의 이유로 시간이 흐를수록 제품 수명 주기(Product Life

Cycle)가 짧아지고 있기 때문이다. 언론에 따르면, 1998년 평균 7.2년이었던 신제품의 평균 수명이 2018년에는 3.6년으로 반토막이 났다(2023년 3월 23일 조선일보, "갈대 같은 고객 마음… 리퀴드 소비가 세계 경제 휩쓴다" 기사)고 한다. 과거 제품 수명 주기가 긴 시절에는 오랜 시간에 걸쳐 초기 투자비의 회수가 가능했기 때문에 자체 투자에 의한 수직계열화 시도가 빈번했으나, 제품 수명 주기가 짧아진 최근의 사업환경에서는 초기 투자비를 회수하지 못하고 쇠퇴기를 맞을 개연성이 커지고 있기 때문에 이미 규모의 경제를 달성한 파트너와의 제휴는 더욱 중요해지고 있다.

셋째, 일상의 디지털화가 빠르게 진행되면서 거래(Transaction)의 성립에 필요한 참여자(Player)들이 늘었기 때문이다. 과거 옷 가게를 방문해 옷을 사던 시절, 옷의 거래와 관련된 참여자는 고객과 옷 장사 두 명뿐이었다. 그러나 현재 온라인 오픈마켓에서 옷을 주문할 경우에는 참여자들이 적어도 네 명에 이른다. 고객, 옷 장사 이외에 플랫폼 사업자, 결재사(Payment), 배달업체의 참여가 필요한데, 여기에 더해 전자결재 대행사(PG, Payment Gateway)가 참여하는 경우도 있다. 이와 같이 일상의 디지털화는 고객 입장에서는 거래의 편의성을 증가시키는 반면, 거래 성립을 위한 최종 단계에서의 복잡성이 커지기 때문에 많은 참여자들과 협력이 점점 중요해지고 있다.

최근 들어 우리는 구독 서비스의 홍수 속에 살고 있는데, 멤버십형 구독 서비스는 제휴 마케팅의 전형을 보여주고 있다. 특히 SK텔레콤의 '우주패스'는 100% 제휴를 통한 상품 구성이라는, 요즈음 말

우주패스 ALL 서비스 패키지 구성

로 제휴 마케팅의 '끝판 왕'의 모습을 보여준다.

이 책의 3장에서 소개한 마케팅 실전 사례에서도 제휴 마케팅 사례가 여러 차례 등장한다. '프리텔 삼성 카드', 'KTF 소액주주들의 번호이동 참여', '붉은 악마와의 월드컵 마케팅', '영화요금제' 등이 여기에 해당하는데, 적시에 경쟁력 있는 파트너와의 콜라보를 통해 의미 있는 성과를 도출한 제휴 마케팅의 성공 사례라고 감히 이야기할 수 있다.

5

옴니채널 마케팅

많은 사람이 오가고, 눈에 잘 띄는 곳에 매장이 위치한다면 매출을 올리는 데 유리하다. 그래서 "장사는 목이 좋아야 한다"라는 오래된 상식 수준의 이야기가 지금도 통용된다. 그렇다면 요즘의 그리고 미래의 목 좋은 매장은 어디일까?

많은 사람이 오가고 눈에 잘 띄는 곳이 좋은 매장이라는 것은 변함이 없을 터인데, 이전과 다른 점은 사람이 많이 오가고 머무는 시간도 긴, 그런 목 좋은 곳이 오프라인 매장뿐 아니라 온라인 공간에도 있다는 것이다. 스마트폰 보급이 늘면서 모바일을 통해 빈번하게 접하는 온라인 공간에도 분명 많은 사람이 오가고 오랫동안 머무는, 목 좋은 공간이 존재한다.

온라인을 통해 필요한 정보를 손쉽게 얻고 미디어 콘텐츠를 소비하며, SNS를 통해 사람들과 소통하는 일은 이미 지극히 일상적인 풍경이다. 이는 온라인 공간이 기업과 고객 간의 중요한 교류의 장이자 세일즈 기회를 제공하는 목 좋은 매장이 되었고, 자연스레 고객 소통과 커머스의 중요한 채널이 되어가고 있음을 의미한다. 하지만 이러한 변화를 오프라인 채널은 쇠퇴하고 그 자리를 온라인 채널이 대체하는 것으로, 즉 시간이 지날수록 오프라인 채널의 비중은 줄어들고, 그만큼 온라인 채널의 비중이 늘어난다는 식으로 단순하게 결론 내리는 것은 상당히 위험한 일이다.

변화의 내부를 자세히 살펴보면, 고객들은 온라인은 물론 오프라인 채널을 함께 활용해 상품/서비스 구매를 위한 정보 수집을 하고 있다는 것을 알 수 있다. 온라인과 오프라인을 넘나들면서 정보를 수집하고 이를 바탕으로 구매까지 이르는 고객 여정(customer jorney)을 얼마나 유연하고 끊김이 없이 이어지게 할 수 있느냐가, 디지털 시대 기업의 성패를 결정짓는 중요한 요소가 되고 있다.

고객의 구매 여정 속에서 만나는 오프라인 매장, 온라인 마켓 플레이스, 모바일 앱, 소셜 미디어 등의 다양한 접점에서 고객들에게 일관되고 통합된 구매 경험을 제공하는 것이 옴니채널(Omni-channel) 마케팅 전략이다. 옴니채널 마케팅의 핵심은 고객이 어디에서 쇼핑하고 커뮤니케이션을 하더라도 모든 채널에서 고객에게 일관되고 개인화된 경험을 제공하는 데 있다. 이러한 과정에서 고객이 알게 되고 느끼게 되는 모든 감정과 경험은 고객의 머릿속에 고스란히 남아 기업과 브랜드의 이미지를 형성한다. 즉, 옴니채널 마케팅은 구매의 편의성 제공을 넘어 장기적인 고객과의 관계 형성에 그 목적이 있다고 할 수 있다.

향후 고객들은 보다 다양한 채널을 통해 고객 여정을 경험하고 또한 브랜드와 상호작용할 것이기 때문에, 옴니채널 마케팅의 중요성은 시간이 흐를수록 더 커질 수밖에 없다. 만약 특정 채널에서의 고객 경험이 다른 채널과 다르면, 고객은 혼란에 빠지고 브랜드와 거리가 멀어질 것이다.

옴니채널 마케팅은 전통의 오프라인 강자들이 시간이 지날수록 거세지는 e커머스 업체들의 위협에서 벗어날 수 있게 한 구세주가 되었다. 전 세계 오프라인의 절대 강자인 월마트는 온라인에서 신선 식품 등을 주문하고 고객이 지정한 오프라인 매장에서 이를 수령할 수 있는 '클릭 앤 콜렉트(Click & Collect)'라는 옴니채널 정책 덕분에 코로나 팬데믹 기간에도 선전을 할 수 있었다. 미국의 경제 및 금융 뉴스 채널인 CNBC는 "월마트의 클릭 앤 콜렉트 방식은 숙명의 라이벌인 아마존을 물리칠 비기(祕器)로 자리 잡았다"는 코멘트를 하기도 했다.

미국 최대 규모의 스포츠용품 체인점을 운영하는 '딕스 스포팅 굿즈(Dick's Sporting Goods)'는 온라인에서 주문한 제품을 드라이브 쓰루(drive-through) 방식(정해진 시간에 오프라인 매장으로 차를 몰고 가면 비대면으로 종업원이 차 트렁크에 제품을 실어 줌)으로 수령하는 '커브사이드 픽업(curbside pickup)' 서비스를 도입해 e커머스 업체들의 공격에 맞설 수 있었다.

월마트와 딕스 스포팅 굿즈의 사례는 오프라인의 전통적 강자들이 생존을 위해 온라인을 정보 탐색과 주문의 장으로 활용한 대표적인 사례인데, 장기적으로 보면 온라인과 오프라인의 유기적 통합은 보다 더 심화할 것이다. 모바일 커머스 전용 앱, 웹, SNS, 미디어 플랫폼은 물론 오프라인 매장, 안테나 샵, 콜 센터 등의 온라인과 오프라인 채널이 유기적으로 결합해 고객들에게 통합되고 단절 없는(seamless) 구매 경험을 제공할 수 있는 기업만이 살아남을 수가 있는 시대가 이미 시작되었다.

스타벅스는 고객의 사용성 측면에서 오프라인 매장과 온라인 채널을 모범적으로 결합하고 있다. 늘 사람들로 붐비는 매장에 입장하기 전에 전용 스마트폰 앱을 통해 미리 음료를 주문하고 결제할 수 있다. 오프라인 매장에서 주문한 음료와 제품을 받을 수 있는 통합된 시스템은 고객 편이와 경험의 만족을 높이고 대기 시간을 줄여줄 뿐더러 맴버십 리워드를 제공 받을 수 있다. 또한 온라인 샵에서 손쉽게 상품과 굿즈를 구매하거나 다양한 고객 참여 프로그램을 편리하게 경험하는 등의 고객 편익을 제공함으로써 브랜드 호감을 통한 고객 로열티 형성 단계까지 이어지게 한다.

옴니채널 마케팅은 기업이 처한 환경과 역량, 목표에 따라 다양한 수행 방법을 선택할 수 있는데, 단기적인 매출 증대에만 포커스를 맞추는 우를 범해서는 안 된다. 다시 한번 강조하지만, 각 기업과 브랜드는 고객과의 접점에서 어떤 상황에서도 끊김이 없고 원활한 연결을 제공함과 동시에 감성적 커뮤니케이션이 가능하도록 해야 한다.

옴니채널 마케팅의 궁극적 목표는 고객 여정 상의 일관되고 만족스러운 경험을 제공함으로써 기업과 브랜드에 대한 호감과 긍정적 이미지를 형성하고 지속 및 유지하는 데 있다.

마케터여, 늘 깨어 있어라

본 저서의 제목을 '가장 낮은 마케팅 이야기'로 정한 이유는, 마케팅 왕초보로 시작해 온몸으로 부딪히면서 터득한 이야기를 중심으로 책을 기술했기 때문이다. 사실 필자는 평사원 시절 사회에서 만난 사람들에게 배신을 당한 경험이 몇 번 있었다. 이러한 안 좋은 기억 이후로는 새로운 사람을 만나는 것에 신중하게 되었고, 오래 알고 지내던 사람들과의 모임 외에는 거의 참석하지 않았다. 원래 체질적으로 낯가림을 하는 편이었는데, 사회생활 초기의 안 좋은 경험이 더해져 사람들이 많이 모이는 곳을 열심히 피해 다녔고, 언론 인터뷰 등도 회사에 도움이 되는 경우에만 응했다.

이렇게 세상에 자신을 드러내는 것을 마다해 오던 사람이 책을 세상에 내놓기로 결심한 데에는, 마케팅에 관심이 있는 분들께 마케팅 전쟁터에서 실제 벌어지고 있는 일들을 최대한 생생하게 전달하고자 하는 작은 바람 때문이다.

아무런 백그라운드 없이 소위 맨땅에 헤딩하면서 마케팅에 뛰어든 필자는 초창기에 숱하게 많은 어려움을 겪었지만 도움을 받거나 참고할 만한 레퍼런스(reference)를 찾기가 어려웠다. 마케팅 사례에 대한 연구 논문 등이 있으나, 너무 산발적이어서 지금 당장 풀어야 하는 숙제와 연관성이 있는 사례를 찾기 어려웠다. 물론 큰 도움을 주신 선배님들도 몇 분 계신다. L 사장님, K 사장님과 P 사장님은 혈기만 왕성하고 천방지축이었던 필자에게 많은 깨달음과 가르침을 주셨다. 반면에 책의 서두에서 얘기했던 바와 같이 사이비 고수들로부터의 실망감도 컸었다.

이러한 목마름을 겪었던 필자는 20년 정도 직접 경험한 마케팅 관련 실제 상황들을 정리해 기록으로 남기고 세상에 알려야 한다는 의무감이 어느 순간부터 들기 시작했다. 어떤 고민과 문제가 있었고, 그것을 어떤 식으로 풀어나갔으며, 성공 이후에 어떤 이유로 쇠락의 길을 걸었는가에 대한 생생한 이야기를 세상에 알려야 한다는 의무감이었다.

여기에서 분명히 밝힐 것이 하나 있다. 본 저서에서 다룬 성공 사례와 관련된 필자의 역할이다. 필자는 직접 아이디어를 내기도 했으나, 주로 전략 방향을 잡고, 몇 가지 대안 중 최적이라고 생각하는 것을 선택해 필요한 경우 이를 최고 의사결정권자에게 보고하고 결재를 받은 후, 이를 실행에 옮기는 일을 맡았다. 실무적 관점에서 말을 하면, 본 저서에서 언급된 실전 사례들의 기안 문서에는 필자의 사인이 들어가 있다는 것이다. 그러므로 필자가 핵심 참여자인 것은 맞지만, 이 책에서 소개한 성공 사례들은 여러 사람의 피땀 어린 공동 작업의 결과물이고, 때로는 광고대행사의 역할이 절대적이었던

가장 낮은 마케팅 이야기

경우도 있었다.

이렇게 많은 이들의 노고가 밑거름이 없었다면 이 책은 나올 수 없었을 것이다. 까칠하고 까탈스러운 필자와 함께 험준한 산을 몇 개씩 넘었던 동료들의 헌신과 노력에 감사의 말씀을 드리는 바이다. 그리고 광고주의 혹독한 주문을 기대 이상으로 잘 처리해 주신 광고대행사 여러분들께도 감사의 마음을 전한다. 여러분들 덕분에 큰 산도 넘었고 미증유의 길도 가볼 수 있었다고….

본 저서의 마지막을 장식하는 이 지점에서 '마케터에게 필요한 자질'에 대해 짚어 보고자 한다.

첫째, 문제의식이다. 사람이건 조직이건 늘 크고 작은 문제들이 있게 마련이다. 가벼운 문제라고 여겨지는 이슈를 방치하다가 어느 날 갑자기 수습이 어려운 빅뱅(Big Bang)에 휘말리는 경우가 있다. 대표적인 예가 1997년에 발생한 IMF 외환 위기 사태다. 반대로 시간이 지날수록 난제화(難題化)될 수 있는 문제를 초기에 발본색원하는 경우도 있는데, 앞에서 다루었던 1999년 SK텔레콤에서 선보인 TTL에 대한 마케팅 대응이 대표적이다. TTL의 경우 마케팅 프로그램의 완성도보다는 시간이 지날수록 폭발력이 커질 수 있는 문제점을 잘 파악하고, 이에 대한 대응으로 TTL을 준비한 마케터의 문제의식이 더욱더 돋보였다고 말할 수 있다.

마케터는 매일 반복적으로 처리해야 하는 루틴(routine)한 일의 비중이 상대적으로 적다. 무슨 일을 해야 하는지를 스스로 결정하는 경우가 많다는 뜻이다. 이때 문제의식이 없으면 타인에 의해서 주어진 일만 할 수밖에 없게 되고, 이런 방향으로 시간이 흐르면 시장을 주도하지 못하고 경쟁사의 꽁무니를 쫓아다니는 상황을 맞을 수밖에 없다. 이렇게 수동적으로 끌려다니다 보면, 마케터는 이렇다 할 업적을 남기지 못하고 잊히는 신세가 된다. 마케터의 머릿속에는 일상적으로 지금 이 순간 우리의 브랜드, 제품/서비스가 가지고 있는 문제점이 중요도 순으로 정리되어 있어야 한다. 잘 정리되어 있는 문제의식을 갖는 것이 훌륭한 마케터가 되기 위한 첫 번째 필요조건이다.

둘째, 세상 흐름에 대한 관찰력이다. 마케터는 사람들의 마음을 읽는 직업이다. 그런데 사람들의 마음이란 연령, 성별, 지역, 직업 등 인구통계적 변수에 따라 나뉠 수 있고, 시간의 흐름과 시대적 조류 등에 따라 완만하게 또는 급격하게 변한다. 그러므로 마케터는 고객의 인식에 영향을 미칠 수 있는 세상만사의 변화에 늘 관심을 갖고 있어야 한다. 거리를 지날 때 상권 변화를 살펴보아야 하고, 지인들과 세상 돌아가는 이야기를 나눌 때 최근에 언급되는, 빈도가 갑자기 많아진 단어나 용어가 있는지 주의 깊게 들어야 한다. 드라마나 영화를 볼 때도 출연자가 쓰는 용어, 옷차림, 거리 뷰 등을 관심을 갖고 지켜봐야 한다. 마케터여, 늘 깨어 있으라!

셋째, 선구안이다. 마케터는 늘 선택의 기로에 서 있다. 자사 제품의 핵심 타깃을 선택해야 하고, 그들에게 제공하고자 하는 가치 제안(value proposal)을 정해야 한다. TV 광고의 슬로건도 선택해야 하고, BGM(Back Ground Music)도 여러 대안 가운데 골라야 한다. 복수의 대안 중에 우리가 하고자 하는 마케팅 프로그램에 가장 도움이 되는 대안을 뽑는 능력이 선구안이다.

앞에서 언급한 핵심 타깃과 가치 제안을 정하는 일은 논리의 영역에 가깝고, 광고 슬로건과 BGM을 정하는 일은 직관의 영역에 가깝다. 논리의 영역에 해당하는 선택의 문제는 논리의 흐름을 따라가면 되지만, 직관의 영역에 가까운 선택의 문제는 마케터의 감(感)과 촉(觸)에 의지할 수밖에 없다.

20세기 가장 위대한 경제학자라고 칭해지는 케인즈(John Maynard Keynes, 1883~1946)는 그가 경제학 분야에서 보여준 것 이상으로 주식투자에서도 두각을 나타낸 천재적인 인물이다. 그는 "주식투자는 미인 대회에서 우승할 후보를 맞추는 것과 같다"는 말을 했다. 본인이 좋아하는 스타일의 미인 대회 참가자를 선택하는 것이 아닌 심사 위원들의 표를 가장 많이 얻을 것 같은 참가자를 골라야 한다는 뜻이다. 마케터도 마찬가지다. 본인이 선호하는 광고 모델이나 BGM을 골라서는 안 되고 타깃 고객이 선호할 만한 모델과 BGM을 골라야 한다. 창의력이 떨어지는 위대한 마케터는 있어도 선구안이 부족한 위대한 마케터는 없다!

마케팅과는 다소 거리가 있는 이야기지만, 생성형 AI의 완성도가 올라갈수록 좋은 선구안을 가진 사람이 성공할 확률은 점점 커지게 된다. 예를 들어, 화성학(和聲學) 아니 음악을 전혀 모르는 사람이라도 생성형 AI에게 '겨울에 잘 어울리는 발라드풍의 노래'를 작곡해달라고 주문하고, 결과물 중 대중이 좋아할 만한 노래를 잘만 선곡한다면, 창작 능력과 아무 관계 없이 큰 인기와 부를 얻을 수 있게 될 것이다. (현재 우리나라에도 작곡 분야에서 높은 수준의 완성도를 보이는 AI 솔루션들이 있는데 대표적인 것으로 아이즘(AISM)을 들 수 있다.) 창의성이 인간의 전유물, 인간다움의 본질이 아닌 시대가 곧 도래하게 될 텐데, 이때에는 개인이나 기업의 성공에 창의력보다 선구안이 더 중요하게 작용할 것이다.

넷째, 인내심과 뚜렷한 주관이 필요하다. 앞에서 '마케팅은 인식의 싸움'이라는 이야기를 했다. 고객의 인식 상에 색다른(차별적인) 것으로 자리를 잡거나, 고객의 인식을 자사에 유리한 방향으로 바꾸는 것이 마케팅의 요체라는 것인데, 고객의 마음에 자리를 잡거나 고객의 마음을 바꾸는 데에는 지속석이고 반복적인 설득 작업이 필요하다.

커다란 규모의 마케팅 프로그램을 시작해 시장에서 좋은 반응을 얻는다고 해도, 고객의 인식 속에 잘 정착하기 위해서는 적어도 2~3년은 족히 걸린다. 최소한 이 기간 동안 고객에게 일관된 메시지가 나가야 하고 고객에게 이러한 메시지가 허황된 것이 아니라는 증거(evidence)들이 꾸준하게 제공되어야 한다.

새로운 마케팅 프로그램을 시작하고 몇 달이 지나면 회사 내부의 철없는 사람들 입에서는 "이제 충분한 것 같으니 새로운 이야기를 합시다" 등의 이야기가 나오기 마련이다. 관여도가 높은 사람들 눈과 귀에는 자사에서 강조하는 주장이 하루에도 몇 번씩 눈과 귀에 걸리기 때문에 이러한 반응이 나오기 마련이다. 이때부터 서서히 이렇게 바꾸자, 저런 것을 더 넣자 등의 용감한(?) 주장들이 나돌기 시작한다.

내부 임직원들과 달리 고객은 하루에도 수백 건 이상의 광고, 홍보에 노출되어 있기 때문에, 우리의 마케팅 활동이 스쳐 지나가는 거리의 풍경과 같이 느껴질 것이다. 우리가 10번 이야기하면 고객의 눈과 귀에는 많아야 한 번 정도 보이고 들릴 것이다. 이렇게 무심할 수밖에 없는 고객의 마음에 들기 위해서는, 고객이 관심을 갖고 우리 목소리에 귀 기울일 때까지 인내심을 가지고 일관된 주장을 지속적으로 전달해야 한다.

인내심과 더불어 마케터가 가져야 하는 또 하나의 덕목은 뚜렷한 '주관'이다. 마케팅(특히 광고)은 직원들 사이에 가벼운 대화거리와 뒷담화를 제공하는 훌륭한 소재고, 직원들이 삼삼오오 모여서 회사 걱정을 하는 술자리에서 상당히 인기 있는 안줏거리다. TV 광고 평가 사이트 등에서 상당히 좋은 반응을 얻고 있는 광고 캠페인을 수준 이하라고 하며, 이를 당장 그만두어야 한다는 글이 사내 무기명 게시판에 등장한 적이 자주 있었고, 심지어 감사 부서에 마케팅 활동에 대한 부정적인 의견이 전달되어 특별 감사를 받느라 소명 자료를 만들며 아까운 시간을 허비한 적도 있었다. 실제로는 보안을 위해 비밀 TFT를 만들어서 열심히 준비하고 있었는데, 중요한 이벤트를 앞두고 마케팅부서에서 전혀 준비하고 있지 않다는 제보가 초래한 해프닝이었다.

마케터는 이렇게 실제 상황과 동떨어진 오해와 평판을 받기 일쑤이므로 주관이 뚜렷하고 흔들림이 없어야 한다. 한 걸음 더 나아가서 약간의 뻔뻔함을 갖추어야 한다. 누가 뭐라고 하든 약간의 뻔뻔함과 주관을 가지고 밀어붙여야 비로소 고객의 관심과 사랑이라는 달콤한 열매를 딸 수 있다. 마케터는 고집불통이라는 욕을 기꺼이 먹을 각오가 되어 있어야 한다.

마지막으로 마케터 앞에 놓인 길에 대해 이야기하고 본 저서를 마무리하도록 하겠다.

마케터라고 하면 왠지 화려하고 멋지게 들리지만, 마케터의 길은 대부분 울퉁불퉁한 비포장도로다. 경쟁자로부터의 공격뿐만 아니라 내부 선무당의 공격에도 늘 노출되어 있으며, 이해관계자 누구라도 설익은 '지적질'을 할 수 있는 상황을 감내해야 한다. 외부 적과의 전쟁보다 내부 설득에 더 많은 노력을 들여야 할 때도 있고, 독선적이라는 소리를 듣더라도 비전문가의 얄량한 의견을 무시하고 적과의 전쟁을 치를 수밖에 없는 상황도 자주 있게 마련이다. 모든 이해관계자를 만족시키며 시장에서도 성공을 거두는 경우는 거의 찾아보기 어렵다.

일단 핵심 타깃을 정했으면 마케터는 그들에게 잘 보일 생각만 해야 한다. 타 부서 사람, CEO와 CEO의 지인들, 사외 이사, 출입기자의 의견은 경청하되 휘둘리지 말아야 한다. 대신 타깃에 대해서는 누구보다 잘 파악하고 있어야 한다. 그들의 생각, 태도, 행동 등을 훤히 꿰뚫고 있어야 한다. 필자는 초기 아이폰(iPhone) 경쟁력의 원천은 '인간(고객)에 대한 최고 수준의 이해도'라고 생각한다. 인간에게 최적화된 UI/UX와 애플 생태계를 맛본 고객은 다른 휴대폰으로 쉽게 손이 가지 않는다고 이야기한다.

최상급의 위스키가 되기 위해서 오랜 숙성이 필요하듯, 훌륭한 마케터가 되기 위해서는 오랜 기간 축적된 경험이 필요하다. 날아오는 총탄에 부상을 당하며 자신의 부족함을 몸으로 깨달아야 하고, 적을 면밀하게 관찰해 적의 습성과 의중 등을 정확하게 파악해야 한다. 인내심을 가지고 길고 울퉁불퉁한 비포장도로를 달리다 보면, 끝내 노련한 운전사가 되어 어느새 고속도로를 쌩쌩 달리고 있는 자신을 발견할 것이다. 잔잔한 바다에서만 배를 몰아 본 사람은 결코 훌륭한 선장이 될 수 없는 법이다.

가장 낮은 마케팅 이야기

쇼, 쿡, 올레 그리고 아이콘 마케팅 실전 사례

발 행 일 | 2023년 12월 20일 1판 1쇄
지 은 이 | 남규택
펴 낸 이 | 김일수
펴 낸 곳 | 파이돈
출판등록 | 제349-99-01330호
주　　소 | 03958 서울시 마포구 망원동 419-3 참존1차 501호
전자우편 | phaidonbook@gmail.com
전　　화 | 070-8983-7652
팩　　스 | 0504-053-5433
ISBN 979-11-985619-0-9 03320

책값은 뒤표지에 있습니다